TopoGuides®

Tour des Monts d'Aubrac

GR® Pays

GR® 65

GR® 6

GR® 60

AVEC L'APPUI TECHNIQUE DES COMITÉS DÉPARTEMENTAUX DE LA RANDONNÉE PÉDESTRE DE LOZÈRE, DE L'AVEYRON ET DU CANTAL, ET DE LEURS BÉNÉVOLES

FFRandonnée
les chemins, une richesse partagée
www.ffrandonnee.fr

L'AUBRAC / PHOTO Q.B./FFRANDO 12

Sommaire

Comment utiliser ce guide GR®

POUR COMPRENDRE LA CARTE IGN

Les courbes de niveau
•974
Chaque courbe est une ligne (figurée en orange) qui joint tous les points d'une même altitude. Plus les courbes sont **serrées** sur la carte, plus le terrain est **pentu**. À l'inverse, les courbes **espacées** indiquent une pente **douce**.

Route	
Chemin	
Sentier	
Voie ferrée, gare	
Ligne à haute tension	
Cours d'eau	
Nappe d'eau permanente	
Source, fontaine	
Pont	
Église	
Chapelle, oratoire	
Calvaire	
Cimetière	
Château	
Fort	
Ruines	
Dolmen, menhir	
Point de vue	

D'après la légende de la carte IGN au 1 : 50 000.

Les sentiers de **Grande Randonnée®** décrits dans ce **TopoGuide** sont tracés **en rouge** sur la carte **IGN** au 1 : 50 000 (1 cm = 500 m).
Ces cartes ne sont plus mises à jour par l'IGN, cependant elles permettent de réduire la pagination du topo-guide et d'alléger son poids dans le sac.

Autres sentiers de **Grande Randonnée®** dans la région

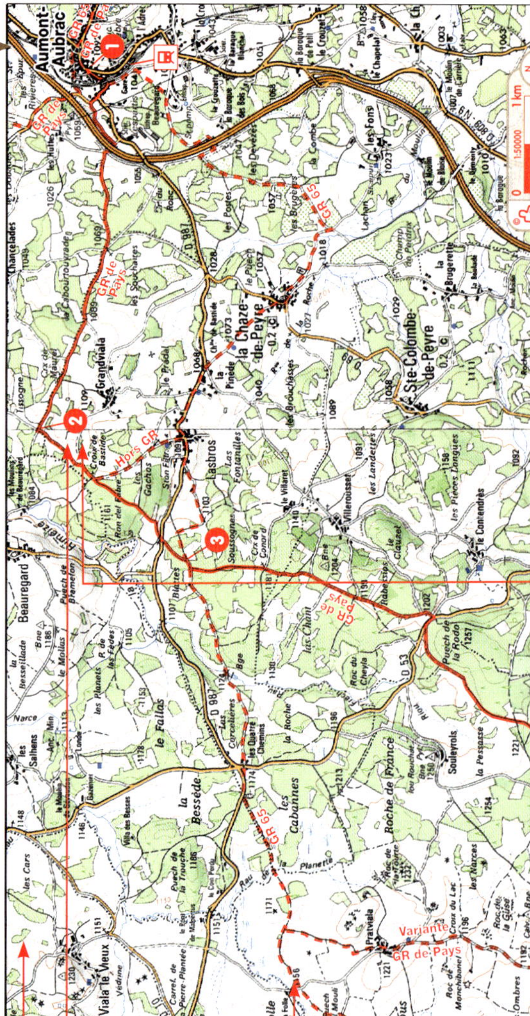

Situation géographique sur le sentier GR® (descriptif indiqué page de droite)

Découverte de la nature et du patrimoine

GR® Pays — Type d'itinéraire

Le sentier GR® de Pays
Tour des Monts d'Aubrac

Titre de l'itinéraire

⚠ > Attention, pas de ravitaillement entre Prinsuéjols et Saint-Chély-d'Aubrac.

> Pour rejoindre le GR® de Pays depuis la gare, emprunter la N 9 à gauche (nord-ouest) jusqu'au monument aux morts.

> Jonction avec le GR® 65 qui vient à droite (est) du Puy-en-Velay (voir le topo-guide du GR® 65, *Sentier vers Saint-Jacques-de-Compostelle, Le Puy - Figeac*).

D'Aumont-Aubrac à la croix de Bastide — 6,5 km — 1 h 50

Descriptif du bandeau :
- L'étape de… à…
- Kilométrage
- Temps de marche
- Couleur du balisage

À Aumont-Aubrac >

> Le bourg, autrefois fortifié, conserve des maisons des XVIe et XVIIe siècles aux façades de pierre de taille et aux rez-de-chaussée voûtés s'ouvrant en arceaux. L'église Saint-Étienne, ancien prieuré bénédictin, remonte à 1061 ; très remaniée, elle a conservé son chœur roman et plusieurs chapelles latérales gothiques.
Aumont est dominé par le Truc de Fabre, hauteur sur laquelle a été édifié en 1946 une imposante statue du Christ Roi, et d'où la vue est très belle.

Curiosités touristiques, monuments, etc. à découvrir durant l'étape

1 Au monument aux morts, l'itinéraire descend à gauche la D 987 (route de Nasbinals), passe sous la voie ferrée, laisse le GR® 65 sur la gauche et continue sur la D 987 jusqu'à la D 50. Prendre cette dernière sur 50 m et obliquer à gauche par le chemin vicinal qui passe sous l'autoroute. Traverser la route des Huttes. Emprunter en face un chemin goudronné puis gravillonné jusqu'à une intersection. Continuer tout droit, direction nord - nord-ouest, sur près de 2 km en ignorant les chemins à droite et à gauche.

2 Prendre le chemin à gauche jusqu'à la croix de Bastide.

2 Situation sur la carte (indiquée p. de gauche), avec descriptif détaillé du sentier de Grande Randonnée®

De la croix de Bastide à la Combe — 5,7 km — 1 h 45

Hors GR® > pour Lasbros 1,3 km — 20 min

Emprunter à gauche le chemin montant légèrement puis descendant tout droit à Lasbros.

Continuer sur une piste direction sud-ouest jusqu'à la D 987. La traverser puis prendre le chemin bitumé.

> Jonction avec le GR® 65 venant d'Aumont-Aubrac.

3 Le suivre sur 50 m jusqu'à une bifurcation. Obliquer à gauche *(balisage jaune et rouge)*, passer à la croix de Conord, poursuivre sur près de 2 km jusqu'à la D 53, l'emprunter à droite sur 30 m environ et tourner à gauche. Contourner le Puech de la Rodo par le nord pour arriver au hameau de Soulages. Emprunter vers l'ouest un chemin vicinal goudronné jusqu'à la Combe (1 025 m).

> Un chemin goudronné à gauche permet de gagner directement Trémouloux.

De la Combe à Prinsuéjols — 1,5 km — 20 min

4 Poursuivre par la route jusqu'à Prinsuéjols.

GRP® • Tour des Monts d'Aubrac • 19

Des itinéraires Hors GR®

peuvent être mentionnés, généralement ***non balisés,*** *qui permettent de rejoindre un hébergement, un moyen de transport, un point de ravitaillement. Ils sont indiqués en tirets sur la carte.*

Avec indication :
- *du kilométrage* 1,3 km
- *du temps de marche* 20 min
- *de la couleur du balisage s'il y a lieu*
- *des ressources disponibles*

(voir tableau des ressources par localités p.12-13)

Itinéraires et randonnées

LES ITINÉRAIRES DÉCRITS

GR® Pays | GR® 65 | GR® 6 | GR® 60

GR® de Pays *Tour des Monts d'Aubrac* > boucle à partir d'Aumont-Aubrac, à parcourir en 8 jours (165 km).
Variante > de Termes à Fau-de-Peyre via Saint-Chély-d'Apcher (20 km).
GR® 65 > d'Aubrac à Aumont-Aubrac (33,5 km).
GR® 6 > de La Canourgue à la croix de la Rode (27 km).
GR® 60 > de La Mothe-de-Banassac au Plo de Grail (18,5 km).

LE BALISAGE DES SENTIERS

Le GR® de Pays est balisé jaune-rouge, les GR® sont balisés blanc-rouge selon les normes de la Charte officielle du balisage de la Fédération française de randonnée pédestre.

SUGGESTIONS DE RANDONNÉES DE 2 à 5 JOURS

Boucle entre vallée et plateau d'Aubrac	2 jours
1er jour : de Saint-Chély-d'Aubrac à Nasbinals via Aubrac (p. 33, 57)	17 km
2e jour : de Nasbinals à Saint-Chély-d'Aubrac via Aubrac et les Enfrux (p. 57, 29, 33)	20 km

Petit tour du haut plateau d'Aubrac	4 jours
1er jour : de Saint-Laurent-de-Muret aux Rajas (p. 23-25)	14 km
2e jour : des Rajas à Nasbinals *par GR® 670* (p. 25-29, 57)	16 km
3e jour : de Nasbinals à Prinsuéjols *par GR® 65 et variante* (p. 57-59)	13,8 km
4e jour : de Prinsuéjols à Saint-Laurent-de-Muret (p. 23)	13,8 km

Grand tour du haut plateau d'Aubrac	5 jours
1er jour : d'Aumont-Aubrac à Prinsuéjols *par GR® de Pays* (p. 19-23)	16 km
2e jour : de Prinsuéjols aux Rajas *par GR® de Pays* (p. 23-25)	28 km
3e jour : des Rajas à Saint-Chély-d'Aubrac *par GR® de Pays* (p. 25-33)	18 km
4e jour : de Saint-Chély-d'Aubrac à Nasbinals *par GR® 65* (p. 57)	17 km
5e jour : de Nasbinals à Aumont-Aubrac *par GR® 65* (p. 57-61)	25 km

Suivez les balisages de la FFRandonnée

LES TYPES DE BALISAGE

Type d'itinéraire

Bonne direction

Tourner à gauche

Tourner à droite

Mauvaise direction

1 Grande Randonnée / 2 Grande Randonnée de Pays / 3 Promenade & Randonnée

MARQUAGES DES BALISAGES

Le jalonnement des sentiers consiste en marques de peinture sur les arbres, les rochers, les murs, les poteaux. Leur fréquence est fonction du terrain.

Les baliseurs-collecteurs : savoir-faire et disponibilité

Pour cheminer sereinement, 8 900 bénévoles passionnés s'activent toute l'année, garants d'un réseau de 206 000 kilomètres d'itinéraires, sélectionnés et aménagés selon des critères de qualité.

Avant de partir... en randonnée

Difficultés, période conseillée

Le Tour des Monts d'Aubrac est un itinéraire de moyenne montagne, à une altitude comprise entre 900 et 1 468 m. Le tracé ne présente aucune difficulté : il est à la portée de tout randonneur habitué à la marche en terrain varié et au port du sac à dos.

En zone de moyenne montagne, cet itinéraire est praticable en année normale d'avril à novembre, en sachant que l'enneigement, notamment sur la partie la plus haute en altitude, peut le rendre temporairement impraticable autrement qu'à ski ou en raquette.

En période estivale, il est conseillé de faire attention aux vipères sur les plateaux.

Le Tour des Monts d'Aubrac est praticable à VTT (sous la seule responsabilité des utilisateurs).

S'équiper et s'alimenter

Le climat de l'Aubrac est rude : il est indispensable de prévoir, même en été, des vêtements chauds et imperméables, ainsi que de bonnes chaussures de marche, montantes et étanches. Il est prudent de se munir d'une boussole en raison des brouillards fréquents et soudains qui peuvent survenir dans les zones les plus isolées de l'itinéraire : Mailhebiau, Aubrac, Laguiole.

Autres accessoires indispensables : gourde, couteau, pharmacie, lampe de poche, grand sac poubelle pour protéger le sac à dos, chapeau, bonnet, gants, lunettes de soleil et crème solaire, papier toilette et couverture de survie. Des bâtons de marche sont également recommandés.

Prévoir un sac et un drap de couchage pour certains gîtes d'étape ou refuges qui ne fournissent pas le nécessaire ou si vous campez. N'oubliez pas de demander lors de votre réservation.

Grands espaces et possibilité d'erreurs de parcours exigent d'emporter avec soi quelques vivres d'avance. Il est recommandé de faire provision d'eau potable.

Pensez à vous munir d'aliments énergétiques riches en protéines, glucides et fructose, tels que des barres de céréales, pâtes de fruits, fruits secs. Le chocolat est également un bon aliment énergétique, mais il présente l'inconvénient de fondre à l'intérieur du sac.

Pensez aussi à boire abondamment, mais attention à ne pas prendre n'importe quelle eau en milieu naturel. Munissez-vous dans ce cas de pastilles purificatrices.

Recommandations

Cet itinéraire pédestre traverse un plateau granitique avec de nombreux pâturages ou forêts domaniales qui sont des propriétés privées, exploitées par des agriculteurs ou des forestiers qui autorisent gracieusement le passage des randonneurs, mais ceux-ci en retour doivent respecter quelques règles simples :

- l'itinéraire traverse à plusieurs reprises des pâturages d'estive. Il est demandé d'observer la plus grande vigilance avec les troupeaux et de veiller scrupuleusement à la fermeture des barrières (les chiens sont particulièrement déconseillés).
- ne laisser sur place aucun détritus même biodégradable ;
- ne pas déranger les troupeaux ;
- ne pas fumer ou faire de feu ;
- demander l'autorisation de camper ;
- se renseigner auprès des gîtes pour savoir s'ils acceptent les animaux.

Le GR® 65 entre Nasbinals et Aubrac est strictement interdit pour les randonneurs accompagnés d'animaux domestiques ou de bât, les randonneurs à vélo, à cheval et motorisés (voir page 57).

Les chiens même tenus en laisse sont interdits entre Bonnecombe (ancienne maison cantonnière) et la croix de la Rode (voir page 25).

Se loger

Les punaises de lits sont désormais installées en France dans tous types d'hébergements sur les chemins de randonnée. Les hébergeurs conscients du problème traitent leurs lieux d'accueil, vous aussi soyez vigilants car il existe des produits de traitement pour combattre ce fléau. Il est important de prévenir l'hébergeur du lieu exact où vous pensez avoir été piqué.

Pendant la période de transhumance (fin mai), il peut être très difficile de se loger.

Météo

Avant de partir, il est recommandé de prendre connaissance des prévisions météorologiques : Météo France, tél. 32 50, www.meteofrance.com.

Se rendre et se déplacer dans la région

Trains

Le Tour des Monts d'Aubrac ainsi que les GR® 6 et 60 sont accessibles à partir des gares de Saint-Chély-d'Apcher, Aumont-Aubrac, La Mothe-de-Banassac (ligne Clermont-Ferrand – Béziers par Neussargues).

Cars

- Autocars Lozère, ligne Clermont-Ferrand – Saint Chély-d'Apcher – Aumont-Aubrac, 04 66 32 12 77, www.autocars-lozere.com
- Dans l'Aveyron, retrouver toutes les informations relatives aux transports : www.laregion.fr/-transports-aveyron, 0 806 80 12 12.
- Gare routière de l'Aveyron, 05 65 68 11 13.
- Syndicat intercommunal Trans-Planèze-Aubrac, mairie de Chaudes-Aigues, 15110 Chaudes-Aigues, 04 71 23 52 47.

Taxis et transport de bagages

- *CR* Transport du Levant à Nasbinals, transport de bagages et de personnes, 04 66 32 52 80 ou 06 86 67 36 31, www.autocars-taxi-nasbinals.fr
- *CR* La Malle Postale, transports de bagages et de personnes, 04 71 04 21 79 ou 06 67 79 38 16, www.lamallepostale.com
- Transport « Louloup », transports de bagages et de personnes, 06 83 00 79 81, www.transport-louloup.com
- Transbagages, transports de bagages et de personnes, 04 66 65 27 75 ou 06 80 06 32 19, www.transbagages.com
- Aubrac Taxi à Saint-Chély-d'Aubrac, transport de bagages et de personnes, 06 72 00 25 71
- Taxi Carabasse à Laguiole, transport de personnes, 05 65 44 33 34
- Taxi Benoit à Aumont-Aubrac, transport de bagages à la demande, 04 66 42 80 17 ou 06 77 08 43 31, www.taxi-lozere.com
- Taxi Julien à Fournels, transport de bagages et de personnes, 04 66 31 60 36 ou 06 07 35 94 97, julienvincent0890@orange.fr

Aéroport

- Aéroport Rodez Aveyron : 05 65 42 20 30, www.aeroport-rodez.fr

Liste des hébergements

Pour faciliter la lecture, les hébergements sont cités dans le sens du parcours décrit ici.

Ne sont signalés que les établissements situés sur le sentier GR® ou à une distance maximale de 2 km ; dans ce cas, la mention « hors GR® » est indiquée, ainsi que la distance supplémentaire entre l'hébergement et le GR®.

COMPAGNON DE ROUTE

Les prestataires « Compagnons de Route » travaillent avec la FFRandonnée, soutenant l'activité bénévole d'entretien et de balisage des sentiers. Ils sont identifiables par un autocollant annuel placé sur leur établissement et par la mention **CR** dans la liste des hébergements ci-dessous. La liste des prestataires est également disponible auprès des Comités départementaux de la randonnée pédestre (voir les coordonnées en page 14).

Il n'est pas possible de mentionner tous les hébergements disponibles ; les informations données ici ne constituent qu'une sélection. En outre, ces informations, exactes au moment de cette édition, peuvent changer. Il est prudent de vérifier.

SUR LE GR® DE PAYS TOUR DES MONTS D'AUBRAC ou à proximité

Aumont-Aubrac (48130 Peyre-en-Aubrac)

- **CR Gîte d'étape et chambres d'hôtes** ***La Ferme du Barry***, M. Boussuge, 9 rue du Barry, 04 66 42 90 25 et 06 71 83 17 46, www.ferme-du-barry.com, 30 pl. + 2 ch.
- **CR Gîte d'étape** ***Chemin faisant***, 15 av. de Peyre, 06 24 83 19 36 ou 06 86 52 57 47, www.gites-chemin-faisant.com, 15 pl.
- **CR Gîte** ***Les Sentiers Fleuris***, 7 place du Portail, 04 66 42 94 70 ou 06 42 64 80 02, www.sentiers-fleuris.com, 20 pl. (9 ch.)
- **CR Hôtel** ***La ferme de l'Aubrac***, place du Foirail, 04 66 31 38 97, www.lafermedelaubrac.fr, 14 pl. en dortoir
- **CR Chambres d'hôtes** ***La Maison aux volets bleus***, 25 av. de Peyre, 04 66 31 34

11 ou 06 74 21 55 95, https://lesvolets-bleus.vpweb.fr, 9 pl.
- **Gîte d'étape** ***Route d'Aubrac***, 4 route d'Aubrac, 06 76 68 43 90, 15 pl.
- **Hôtel** ***Prunières***, place du Relais, 04 66 42 85 52, prunieres@ifrance.com, 20 pl.
- **Hôtel** ***Chez Camillou***, 10 route du Languedoc, 04 66 42 80 22, www.camillou.com, 80 pl.
- **Hôtel-restaurant** ***Linette***, 9 route du Languedoc, 04 66 42 85 88, www.hotel-restaurant-linette.com, 21 pl.
- **Chambres d'hôtes** ***Le 24***, 24 route d'Aubrac, Françoise et Christian Mathieu, 06 75 91 71 30, 6 pl.
- **Camping municipal**, mairie, 04 66 42 80 02

Lasbros (48130 Peyre-en-Aubrac), hors GR® à 1,3 km
- **CR Gîte d'étape** ***Chez Marie en Aubrac***, 04 66 47 08 94 ou 06 60 67 74 27, https://aubrac-gite-gr65.com, 15 pl.

Prinsuéjols (48100)
- **Gîte d'étape** ***Le Relais de Prinsuéjols***, 04 66 32 52 94, www.relais-de-prinsuejols.com, 50 pl. (2 ch. de 4 pl. + 2 ch. de 2 pl.), accueil équestre sur réserv., petite épicerie

Trémouloux (48100 Prinsuéjols)
- **Gîte d'étape**, Mme Meissonnier, 04 66 32 51 42 ou 06 85 88 54 94, 2 pl., possibilité de diner, pique-nique sur commande

La Baume (48100 Prinsuéjols)
- **Chambres d'hôtes** ***Le Château de la Baume***, 06 87 53 22 99, www.chateau-delabaume.org, 4 ch., repas
- **Chambres d'hôtes** ***Le Prat de Madame***, à 300 m du GR®, 06 23 36 10 97, domainedelabaume.fr, 6 pl., lits randonneurs, repas

Le Mazel (48100 Antrenas), hors GR® à 3,5 km
- **Ferme équestre du Mazel**, 06 81 06 91 09 ou 06 24 86 43 60, www.ferme-equestre-asinerie-dumazel.fr

Saint-Laurent-de-Muret (48100)
- **Gîte d'étape communal**, 04 66 32 20 40 (mairie), https://mairiestlaurent-lem.wixsite.com/saintlaurentdemuret, 10 pl., repas à commander minimum 24 h à l'avance ; possibilité de camping, réserv. : 04 66 32 20 40 (mairie)

Les Rajas (48340 St-Pierre-de-Nogaret)
- **CR Gîte d'étape** ***Les Rajas***, Mme Pignol, 04 66 32 60 73 ou 06 83 54 19 41, www.gite-lozere-aubrac.com, 23 pl. (3 ch. et 2 dortoirs), coin cuisine, transports de bagages

Les Enfrux (12470 St-Chély-d'Aubrac)
- **Chambres d'hôtes**, M. et Mme Galtier, 05 65 48 29 77

Saint-Chély-d'Aubrac (12470)
- **CR Hôtel-rest.** ***Les Coudercous******, 05 65 44 27 40, www.lescoudercous.fr, 13 ch.
- **CR Chambres d'hôtes** ***La Tour des Chapelains***, 06 69 14 33 38, www.tour-chapelains.fr, 3 ch. (11 pl.), ouvert d'avril à nov.
- **Gîte d'étape** ***Chez Fanny et Jérémy***, 06 29 83 58 82
- **Gîte d'étape** ***Saint André***, 05 65 44 26 87
- **Gîte d'étape et chambres d'hôtes** ***Relais Saint Jacques***, 05 65 44 79 83
- **Hôtel-restaurant** ***Les Voyageurs*****, 05 65 44 27 40
- **Chambres et table d'hôtes**, La Carderie, M. Michel Lefebvre, 05 65 44 12 96
- **Chambres et table d'hôtes**, Mme Azam, 06 78 13 46 47
- **Camping vert** ***Chez Fanny et Jérémy***, 06 29 83 58 82

Sarbonnel (12470 St-Chély-d'Aubrac), hors GR® à 500 m
- **CR Ecologîte** ***Sarbonnel***, 07 85 19 46 40, www.gitesarbonnel.jimdo.com, gîte d'étape (6 pl.), 3 ch. (10 pl.) et tables d'hôtes, ouvert toute l'année

Le Vayssaire (12210 Laguiole)
- **CR Gîte d'étape** ***Lou Vayssaïre***, M. et Mme Alaux, 06 33 54 04 34, www.domaineduvayssaire-aubrac.com, 28 pl., ouvert toute l'année

Laguiole (12210)
- **CR Hôtel-restaurant Best Western** ***Le relais de Laguiole******, 05 65 54 19 66, www.relais-laguiole.com, 34 ch., ouvert d'avril à nov.
- **Gîte d'étape du Foirail**, 05 65 44 33 32
- **Chambres d'hôtes**, Mme Chayrigues, 05 65 44 33 33
- **Chambres d'hôtes** ***La ferme de Moulhac***, hors GR® à 760 m, 06 07 30 55 77
- **Chambres d'hôtes** ***Aux Caprices d'Aubrac***, hors GR® à 1 km, 06 87 27 44 82
- **Hôtel-restaurant** ***Gilles Moreau******, 05 65 44 31 11
- **Hôtel** ***Régis******, 05 65 44 30 05
- **Hôtel et gîte de Laguiole**, 05 65 48 42 55
- **Hôtel-rest.** ***Le Bardière***, 05 65 51 68 30
- **Hôtel-rest.** ***L'Aubrac***, 05 65 44 32 13
- **Résidence** ***Fleurs d'Aubrac***, **Village Vacances** *** (indiv. et groupes), 05 65 51 22 90
- **Camping municipal** ***Les Monts d'Aubrac***, 05 65 44 39 72

Saint-Urcize (15110 Chaudes-Aigues)
- **Centre d'accueil** ***PEP 15*** (gîte d'étape et gîte de groupe), 04 71 48 29 37, 58 pl., chambres de 4 à 6 lits, réservation à classes@pep15.fr
- **Hôtel-restaurant** ***Chez Remise***, 04 71 23 20 02, www.aubrac-chezremise.com, 10 ch., fermé en janv. et mars
- **Chambres d'hôtes** ***Mme Valette***, 04 71 23 21 32 ou 04 66 32 45 63, 4 ch., ouvert du 01/06 au 20/09
- **Chambres et tables d'hôtes** ***Chez JP***, 04 71 20 27 19, chez-jp@orange.fr, 5 ch. (14 pl.)
- ***Domaine de l'Ours***, chalets, lodges, camping, 04 71 20 27 99, contact@camping.aubrac.fr

Pont de Gournier (48260 Recoules-d'Aubrac)
- **Hôtel-restaurant** ***Le Relais de l'Aubrac***, Mme Pages, 04 66 32 52 06, www.relais-aubrac.com, 60 pl.

La Chaldette (48310 Brion)
- **CR** ***Une Parenthèse en Aubrac***, 04 66 31 61 06, www.parenthese-en-aubrac.fr, 12 pl. en ch. d'hôtes et 8 pl. en gîte d'étape, table d'hôtes (soir), panier pique-nique
- **Résidence thermale**, 04 66 31 68 00, www.lachaldette.com, studios (draps fournis), petit déjeuner

Boutans-Bas (48310 Chauchailles), hors GR® à 2 km
- **Chambres d'hôtes**, Mme Alili, 04 66 31 61 12, 16 pl., réserv. obligatoire

Fournels (48310)
- **Gîte d'étape communal**, 04 66 31 60 15 ou 06 72 35 83 98, 18 pl.
- **Camping** ***Pelegry – Chez Prosper***, 04 66 31 65 96, roulotte (1 lit, 2 pl.)

Termes (48310)
- **CR Hôtel-rest.** ***Auberge du Verdy***, le bourg, 04 66 31 60 97, aubergedu-verdy@orange.fr, aubergeduverdy.e-monsite.com, 17 pl., fermé en fév.
- **CR Chambres d'hôtes** ***La Narce***, hors GR® à 500 m, M. et Mme Chalvet, 04 66 31 64 12, lanarce48@orange.fr, 8 pl., repas sur réserv.

Saint-Chély-d'Apcher (48200)
- **Hôtel** ***Les Portes d'Apcher***, route de Saint-Flour, M. Brunel, 04 66 31 00 46, www.hotels-brunel.com, 32 pl.
- **Hôtel** ***Jeanne d'Arc***, 49 av. de la Gare, 04 66 31 44 85, hotelbrasseriepub@orange.fr
- **Hôtel** ***du Lion d'Or***, 132 av. Théophile-Roussel, 04 66 31 00 14, leliondor48@hotmail.fr
- **Camping** ***Cosycamping***, route de Saint-Flour, 06 42 10 49 04, cosy-camping.com

Le Fau-de-Peyre (48130)
• **Gîte d'étape**, Mme Estevenon, 04 66 31 11 10 ou 06 78 24 44 46, 14 pl.
• **Hôtel *del Faou***, Tichit-Boucharenc, 04 66 31 11 00, 20 pl.

Nozières (48130 Aumont-Aubrac)
• **Gîte d'étape *Les Chalets de Nozières***,Mme Sagnet, 04 66 42 80 81 ou 06 33 51 38 25, virginie.sagnet@laposte.net, 14 pl., accueil équestre, repas avec produits de la ferme

SUR LE GR® 65 ou à proximité

Aubrac (12470)
• **CR Gites du *Royal Aubrac***, gîtes individuels et groupes, 05 65 44 28 41, www.royal-aubrac.fr, 14 ch. (55 pl.), ouvert toute l'année
• **CR Chambres et table d'hôtes *La Colonie***, 05 65 51 64 79, www.la-colonie.com, 5 ch. (15 pl.), ouvert toute l'année
• **Gîte d'étape communal *La Tour des Anglais***, 05 65 44 28 42
• **Chambres et table d'hôtes *L'Annexe d'Aubrac***, 05 65 48 78 84
• **Chambres d'hôtes *Comptoir d'Aubrac***, 05 65 44 20 61
• **Chambres et table d'hôtes *L'Estive d'Aubrac***, 05 65 44 91 15
• **Hôtel-restaurant *La Domerie*****, 05 65 44 28 42

Nasbinals (48260)
• **CR Gîte d'étape *Lo Fenador***, chemin de la Grange-du-Four, 06 95 08 36 68, www.lofenador.fr, 10 pl.
• **CR Gîte d'étape *Le Sorbier***, route d'Aubrac, 04 66 32 56 79, www.hotel-gite-rey-nasbinals.fr, 15 pl.,
• **CR Hôtel *de France***, route de l'Aubrac, 04 66 32 50 19, www.hotel-gite-rey-nasbinals.fr, 12 pl.
• **Gîte d'étape communal**, mairie, 04 66 32 59 47, mairiedenasbinals@orange.fr, www.nasbinals.fr, 19 pl.
• **Accueil Randonneur *La Grappière***, 04 66 32 15 60, 16 pl.
• **Gîte d'étape *NADA***, 37 pl., 04 66 32 50 42, www.nada-aubrac.com
• **Gîte d'étape *Ferme équestre des Monts-d'Aubrac***, M. Moisset, route de Saint-Urcize, 04 66 32 50 65 ou 06 77 51 03 25, www.equitation-aubrac-lozere.com, 20 pl.
• ***Les Séjours Bastide***, place de l'Église, 04 66 32 50 03, www.bastide-nasbinals.com, 120 pl.
• **Gîte d'étape *Lô d'ici***, Mme Laurence Rieutort, 04 66 32 92 69 ou 06 80 28 51 12, www.lodici-aubrac.com, 22 pl.
• **Gîte *Champ'hêtre***, 06 45 36 26 08, laurent.champredonde@wanadoo.fr
• **Gîte *SCI La Médaille***, 04 66 32 56 79 ou 04 66 32 50 19, 6 pl.

Montgros (48260 Nasbinals)
• **CR Gîte d'étape et hôtel *La Maison de Rosalie***, M. Girard, 04 66 32 55 14, www.lamaisonderosalie.com, 18 pl. en hôtel, 14 pl. en gîte
• **CR Chambres d'hôtes *La Borie de l'Aubrac***, lieudit la Grange des Enfants (hors GR®), 04 66 45 76 97, www.borie-aubrac.com, 15 pl.

Marchastel (48260), hors GR® à 1,5 km
• **Chambres d'hôtes**, Mme Boyer, 04 66 32 53 79 ou 06 75 75 72 21, www.location-gites-aubrac.com, 11 pl.

Finieyrols (48100 Prinsuéjols)
• **Gîte d'étape *Auberge des Gentianes***, Les Gentianes, 04 66 32 52 77, www.chemindecompostelle.com/lesgentianes, 17 pl. et 6 chambres d'hôtes, repas sur commande
• **Chambres d'hôtes *La Rose de l'Aubrac***, 04 66 45 78 55 ou 06 08 31 55 61, larosedelaubrac.wix.com, 14 pl.

Pratviala (48100 Prinsuéjols)
• **Chambre d'hôtes *La Borieta del Prat***, Pascal et Corinne Bardin, 04 30 43 43 45 ou 06 19 13 32 38, www.laborietadelprat.fr, 4 pl., 1 yourte (6 pl.), camping

Malbouzon (48270), hors GR® à 2km
• **Gîte-restaurant *Chez Annie***, 04 66 32 55 40, a.fontaine53@laposte.fr, 11 pl.
• **Centre d'accueil communal**, 06 71 23 93 12, 56 pl.

Prinsuéjols (48100) par variante
• **Gîte d'étape *du Relais de Prinsuéjols***, 04 66 32 52 94, www.relais-de-prinsuejols.com, 50 pl., 2 ch. de 4 pl., 2 ch. de 2 pl., accueil équestre, petite épicerie

Les Quatre-Chemins (48130 La Chaze-de-Peyre)
• **Auberge *Chez Régine***, Mme Soulier, 04 66 42 83 36 ou 06 52 08 41 03, 10 pl.
• **Gîte d'étape *Aux Quatre Vents***, Jean-Marc Granier, 04 66 45 72 16 ou 06 64 19 34 03 ou 06 52 77 51 80, 13 pl., accueil chevaux, ouvert du 01/03 au 30/09

Lasbros (48130 Peyre-en-Aubrac)
• **CR Gîte d'étape *Chez Marie en Aubrac***, 04 66 47 08 94 ou 06 60 67 74 27, https://aubrac-gite-gr65.com, 15 pl.

Aumont-Aubrac (48130)
• **Voir GR® de Pays**

SUR LE GR® 6 ou à proximité

La Canourgue (48500)
• **CR Gîte d'étape *Accueil étape de la Côte Saint Jean***, 5 côte Saint-Jean, 06 30 52 12 12 ou 06 75 38 45 73, accueiletapecotesaintjean@gmail.com
• **CR Hôtel *La Citadelle***, 2 av. des Gorges-du-Tarn, 04 66 32 80 11, www.lacitadelle-lozere.com
• **Hôtel *du Commerce***, place Jeanne-d'Arc, 04 66 32 80 18
• **Hôtel *Le Portalou***, place Portalou, 04 66 32 83 55

La Mothe-de-Banassac (48500 Banassac)
• **Hôtel-restaurant *Le Calice du Gévaudan***, 04 66 32 94 18 ou 06 83 20 78 53, www.hotelcalicegevaudan.com, 28 ch.
• **CR Hôtel *Les Deux Rives***, 04 66 32 99 97 ou 04 66 32 06 95, www.hotel-les2rives.com, 29 ch., pas de restauration

Les Sallèles (48500 Banassac), hors GR® à 600 m
• **Hôtel-restaurant, gîte d'étape *Terre d'Instants***, château de Salleles, 04 66 32 44 44, www.terreinstants.com, 22 pl.

Pratnau (48500 Banassac-Canilhac), hors GR® à 1,2 km
• **CR Chambres d'hôtes *Le Cascadou***, 09 80 40 90 79 ou 06 19 32 10 82, lecascadou@laposte.net, 8 pl.

Plagnes (48340 Trélans), hors GR® à 2,5 km
• **CR Gîte *La Maison de Coquette***, 04 66 32 51 72 ou 06 70 60 35 91, www.gite-aubrac.com, 12 pl. en gîte d'étape et chambres d'hôtes

SUR LE GR® 60 ou à proximité

Saint-Germain-du-Teil (48340)
• **Gîte d'étape**, rue du Gendarme Merle, M. et Mme Sylvain Blanc, 04 66 32 60 08, www.rando-pain-lozere.com, 16 pl.
• ***Café de la Place***, place de l'Église, 04 66 31 61 67, 12 pl. (4 ch. et 1 dortoir)

Col du Trébatut (48100 Les Salces)
• **CR Gîte d'étape et chambres d'hôtes *Auberge du Radal***, col du Trébatut, M. et Mme Dauban, 04 66 32 61 71 ou 06 81 85 76 65, www.radal-aubrac.com, 14 pl. en gîte, 15 pl. en ch. d'hôtes

La Mothe-de-Banassac, Les Sallèles, Pratnau
• **Voir GR® 6**

Tableaux des ressources

■	Localité sur le parcours du **GR**®
	Localité **hors GR**®
	Liaison ou variante sur le parcours d'un **GR**®

Pour calculer la longueur d'une étape, il suffit d'additionner les chiffres de la colonne de gauche et de rajouter, si votre lieu d'hébergement se situe hors GR®, la distance figurant entre parenthèses.

Gîte d'étape ou de groupe · Hôtel · Chambre d'hôtes · Camping · Ravitaillement · Restaurant · Café · Office de tourisme · Car · Train · Distributeur de billets

GR Pays® *Tour des Monts d'Aubrac*

km	RESSOURCES ▶ / ▼ LOCALITÉS	Pages	Gîte d'étape ou de groupe	Hôtel	Chambre d'hôtes	Camping	Ravitaillement	Restaurant	Café	Office de tourisme	Car	Train	Distributeur de billets
	AUMONT-AUBRAC	19	•	•	•	•	•	•	•	•	•	•	•
6,5	LASBROS (hors GR® + 1,3 km)	19	•				•	•	•				
7,2	PRINSUÉJOLS	23	•				•	•	•				
2,5	TRÉMOULOUX	23		•									
2,1	LA BAUME	23			•								
6,8	LE MAZEL (hors GR® + 3,5 km)	23	•										
2,4	SAINT-LAURENT-DE-MURET	23	•			•							
12	BONNECOMBE	25				•		•	•				
2	LES RAJAS	25	•					•					
14,8	LES ENFRUX	33			•								
3	SAINT-CHÉLY-D'AUBRAC	33	•	•	•	•	•	•	•	•			•
3	SARBONNEL (hors GR® + 500 m)	33	•		•								
18,3	LE VAYSSAIRE	35	•										
4,5	LAGUIOLE	35	•	•	•	•	•	•	•	•	•		•
17,5	SAINT-URCIZE	39	•	•	•	•	•	•	•	•			
2,3	RECOULES-D'AUBRAC	39					•		•				
1,7	PONT DE GOURNIER	39	•		•			•	•				
14	LA CHALDETTE	41	•		•								
13,6	SAINT-JUÉRY (hors GR® + 300 m)	41						•	•				
0	BOUTANS-BAS (hors GR® + 2 km)	41			•								
7,1	FOURNELS	45	•			•	•	•	•	•			•
6,2	TERMES	49		•	•			•	•				
0	LA NARCE (hors GR® + 500 m)	49			•								
10,8	FAU-DE-PEYRE	51	•	•				•	•				
4,2	NOZIÈRES	51	•										
4	AUMONT-AUBRAC	51	•	•	•	•	•	•	•	•	•	•	•

Variante de Termes à Fau-de-Peyre, via Saint-Chély-d'Apcher

km	RESSOURCES ▶ / ▼ LOCALITÉS	Pages	Gîte	Hôtel	Chambre	Camping	Ravitaillement	Restaurant	Café	Info	Bus	Gare	Distributeur
	TERMES	53		•	•			•	•				
10	SAINT-CHÉLY-D'APCHER	53		•		•	•	•	•	•	•	•	•
4,5	BESSONS	55							•				
5,5	FAU-DE-PEYRE	55	•	•				•	•				

GR® 65

km	RESSOURCES ▶ / ▼ LOCALITÉS	Pages	Gîte	Hôtel	Chambre	Camping	Ravitaillement	Restaurant	Café	Info	Bus	Gare	Distributeur
	AUBRAC	57	•	•	•			•	•	•			
9	NASBINALS	57	•	•		•	•	•	•	•			•
3	MONTGROS	57	•	•				•	•				
1,2	LA GRANGE DES ENFANTS (hors GR® + 500 m)	59			•								
0,3	MARCHASTEL (hors GR® + 1,5 km)	59			•			•					
6	FINIEYROLS	59			•								
0,5	INTERSECTION GR® / D 73	59	•		•			•					
0	MALBOUZON (hors GR® + 2 km)	59	•				•	•	•				
0	PRINSUEJOLS (par variante + 3 km)	59	•				•	•	•				
4,5	LES QUATRE CHEMINS	59			•			•	•				
4	LASBROS	61	•				•	•	•				
5	AUMONT-AUBRAC	61	•	•	•	•	•	•	•	•	•	•	•

GR® 6

km	RESSOURCES ▶ / ▼ LOCALITÉS	Pages	Gîte	Hôtel	Chambre	Camping	Ravitaillement	Restaurant	Café	Info	Bus	Gare	Distributeur
	LA CANOURGUE	63		•		•	•	•	•	•			•
2	LA MOTHE-DE-BANASSAC	63		•		•	•	•	•	•	•	•	
0,3	LES SALLÈLES (hors GR® + 600 m)	63	•	•				•					
0	PRATNAU (hors GR® + 1,2 km)	63			•								
20	PLAGNES (hors GR® + 2,5 km)	65	•		•			•					

GR® 60

km	RESSOURCES ▶ / ▼ LOCALITÉS	Pages	Gîte	Hôtel	Chambre	Camping	Ravitaillement	Restaurant	Café	Info	Bus	Gare	Distributeur
	LA MOTHE-DE-BANASSAC	67		•		•	•	•	•	•	•	•	
0,3	LES SALLÈLES (hors GR® + 600 m)	67	•	•				•					
0	PRATNAU (hors GR® + 1,2 km)	67			•								
6	SAINT-GERMAIN-DU-TEIL	67	•	•			•	•	•	•			
5,5	LE RADAL DE TRÉBATUT	67	•		•			•	•				

Adresses utiles

Tourisme

• ADECA : c/o M. Vincent Boussuge, la Ferme du Barry, 48130 Aumont-Aubrac, www.tourdesmontsdaubrac.org
• Agence de développement touristique de l'Aveyron, rue Louis-Blanc, BP 831, 12000 Rodez, 05 65 75 40 12, www.tourisme-aveyron.com
• Comité départemental du tourisme du Cantal, 36, rue de Sistrières, 15000 Aurillac, 04 71 63 85 00 ou 08 26 96 15 15, www.cantaltourisme.fr
• Comité départemental du tourisme de Lozère, 14, bd Henri-Bourrillon, BP 4, 48002 Mende, 04 66 65 60 00.
• La Maison de l'Aubrac, 12470 Aubrac, 05 65 44 67 90, www.maisondelaubrac.com

Offices de tourisme

• Aumont-Aubrac (48130), 04 66 42 88 70, ot-aumont-aubrac.fr
• Marvejols (48100), 04 66 32 02 14, www.gevaudan-authentique.com
• La Canourgue (48500) : OT de l'Aubrac aux gorges du Tarn, 04 66 32 83 67, www.aubrac-gorgesdutarn.com
• Aubrac-Laguiole (12210), www.aubrac-laguiole.com
- Bureau de Laguiole, 05 65 44 35 94.
- Bureau de Saint-Chély-d'Aubrac, 05 65 44 21 15.
• Saint-Urcize (15110), 04 71 23 21 03 (été seulement).
• Fournels (48310), 04 66 45 31 42, www.fournels.fr
• Saint-Chély-d'Apcher (48200), 04 66 31 03 67, www.margeride-en-gevaudan.com
• Nasbinals (48260), 04 66 32 55 73, www.otnasbinals.fr

Randonnée

• Centre d'information de la FFRandonnée, 64, rue du Dessous-des-Berges, 75013 Paris, 01 44 89 93 93, info@ffrandonnee.fr, www.ffrandonnee.fr, www.monGR.fr
• Comité départemental de la randonnée pédestre de l'Aveyron, rue Louis-Blanc, BP 831, 12000 Rodez, 05 65 75 54 61, www.randonnee-aveyron.fr
• Comité départemental de la randonnée pédestre du Cantal, 130, avenue du Général-Leclerc, 15000 Aurillac, 06 70 91 54 36, https://cdrp15.blogspot.com
• Comité départemental de la randonnée pédestre de Lozère, place de l'Église, 48190 Mont-Lozère-et-Goulet, https://lozere.ffrandonnee.fr/

Divers

• Altobrak, 12210 Laguiole, équipement du randonneur, 05 65 51 40 65, www.altobrak.fr

Préface

Cher randonneur,

Vous avez décidé de venir découvrir l'Aubrac et nous savons que vous allez être séduit : un haut plateau (1 200 m en moyenne), au sud du Massif Central, une lumière extraordinaire, un air merveilleusement pur, des nuits étoilées.

Vous apprendrez à connaître un très vieux pays bouleversé par l'activité volcanique, parcouru par les légions romaines, traversé par les pèlerins de Saint-Jacques-de-Compostelle, façonné par les paysans qui ont tracé pour leurs troupeaux les « drailles » que vous emprunterez.

Vous apprécierez la qualité de l'habitat rural et le petit patrimoine civil ou religieux, témoin d'une activité humaine jusque dans les lieux les plus isolés. Vous rencontrerez les agriculteurs qui pratiquent un élevage respectueux de l'environnement tout en s'adaptant aux contraintes de l'économie moderne.

Vous serez émerveillés au printemps par la force de la nature qui explose de mille fleurs, certaines rares, à la sortie du long hiver.

Vous aimerez l'été parfois chaud, car l'Aubrac est une région du Sud, mais aux nuits fraîches grâce à l'altitude. Vous apprécierez les lacs et les ruisseaux qui apportent aux pâtures un rafraichissement bienvenu.
Vous serez sensibles aux couleurs somptueuses de l'automne, aux sous-bois aux senteurs de champignons, à la richesse de la faune sauvage.
L'hiver saura vous séduire par sa lumière glacée sur le plateau neigeux.

En 2016, l'Aubrac a été reconnu « Pôle de pleine nature ». Dans ce cadre, le Tour des monts d'Aubrac a été désigné comme un élément essentiel de la randonnée sur notre plateau. Nous sommes une association d'hébergeurs qui avons créé le Tour des Monts d'Aubrac il y a plus de 30 ans. Nous allons donc travailler à améliorer encore l'accueil pour les différents publics, diversifier les offres, en gardant nos valeurs essentielles : la rencontre, l'échange, la proposition de produits issus du terroir, la possibilité pour tous de venir se ressourcer sur l'Aubrac.

Nous nous réjouissons de vous recevoir et de partager avec vous notre amour de notre belle région.

Marie-Philippe de Beauregard,
Présidente de l'ADECA (Association pour le développement économique et culturel de l'Aubrac)
mpdebeauregard@gmail.com - www.tourdesmontsdaubrac.org

Parc naturel régional de l'Aubrac

Depuis une quinzaine d'années, le bien fondé d'un Parc naturel régional en Aubrac est affirmé aux niveaux local, régional et national. Aujourd'hui, rejoindre la famille des Parcs naturels régionaux signifie pour l'Aubrac d'être reconnu comme un territoire d'exception, pour son identité et ses patrimoines naturels, culturels et paysagers hors du commun.
Le projet du territoire de l'Aubrac s'exprime au travers de la Charte du Parc, partagée avec les gens du pays et fondée sur la préservation et la valorisation de son patrimoine, sur le maintien de la qualité de vie au sein de cet espace d'exception et sur les principes du développement durable. La Charte représente une « feuille de route » qui fixe les axes de travail en fonction des enjeux d'avenir, dans des domaines clés pour l'Aubrac : l'agriculture, le tourisme, l'économie, la forêt, l'urbanisme, la culture, les énergies renouvelables, l'éducation…
Le « Parc naturel régional de l'Aubrac » est classé officiellement depuis mai 2018 avec l'ambition de tous : « Construire collectivement l'Aubrac de demain ! »
Il est le 53e en France, 7e de la région Occitanie, 10e de la région Auvergne-Rhône-Alpes et il s'étend sur trois départements : l'Aveyron, le Cantal et la Lozère.

Syndicat mixte d'Aménagement et de Gestion du Parc naturel régional de l'Aubrac
Hôtel des montagnes, 12470 Aubrac, 05 65 48 19 11, info@parc-naturel-aubrac.fr, www.parc-naturel-aubrac.fr

Découvrir les Monts d'Aubrac

PHOTOS L.V./FFRando 12, P.W., M.H./FFRANDO 48

L'Aubrac se partage entre trois départements, l'Aveyron, la Lozère et le Cantal, qui se rencontrent à la croix des Trois-Évêques érigée en 1238. C'est un plateau granitique recouvert dans sa partie centrale par d'épaisses couches de basalte. Il a une altitude moyenne de 1 200 m et culmine au Signal de Mailhebiau à 1471 m.
Il a été un lieu de passage obligatoire mais redouté : on peut encore voir des traces de la voie romaine qui reliait Lyon à Toulouse par Javols en Margeride, première capitale du Gévaudan.
Ce fut ensuite une rude étape pour les pélerins qui avaient choisi d'aller à Saint-Jacques-de-Compostelle à partir du Puy. Les restes de la Dômerie d'Aubrac rappellent cette longue période qui vit passer des voyageurs de toute l'Europe, mus souvent par la dévotion, parfois par l'errance, mais qui tous avaient bien besoin d'un lieu d'accueil et de réconfort. Aujourd'hui, les grands axes font le tour du plateau dont les frontières naturelles sont les vallées de la Colagne, du Lot et de la Truyère, et qui rejoint la Margeride à l'est selon un tracé proche de celui de l'A 75.

L'activité principale de l'Aubrac est l'agriculture et plus particulièrement l'élevage bovin pour la production de viande ou de lait. Ce dernier est essentiellement destiné à la fabrication de fromage et du célèbre aligot, spécialité du plateau, nourriture des bergers pendant l'été à base de fromage frais (la tome) et de purée de pommes de terre.

TROUPEAU DE RACE AUBRAC AU CRÉPUSCULE / PHOTO L.V./FFRANDO 12

LE VILLAGE D'AUBRAC
PHOTO L.V./FFRANDO 12

La densité de population est faible (4 habitants au km²) et l'habitat, assez dispersé, est formé de villages ou de petits hameaux blottis en général dans une combe à l'abri du vent du nord.

Des scientifiques étudiant le plateau ont travaillé sur l'idée de « capitale » de l'Aubrac. Ils ont conclu que ce n'était ni Laguiole, en Aveyron, la plus importante des agglomérations locales, centre d'élevage connu aussi pour sa coutellerie et sa gastronomie, ni Saint-Urcize, charmant petit bourg du Cantal aux belles maisons groupées autour de son intéressante église romane dans une vallée basaltique, ni Nasbinals, sur le chemin de Saint-Jacques-de-Compostelle, dont la très belle église est un des emblèmes de l'Aubrac lozérien, mais que la véritable identité de l'Aubrac était ses immenses pâtures, délimitées par des murs en pierres sèches et peuplées de vaches qui appartiennent à une race très ancienne adaptée au climat et à la terre.

La faune et la flore sont d'une étonnante diversité et la vie explose au printemps après un hiver toujours long et rude. Cette richesse est due, entre autre, à l'abondance de l'eau : de multiples sources s'organisent en petits cours d'eau que l'on retrouve au fond de toutes les « boraldes » qui descendent vers les vallées du Lot ou de la Truyère ou qui rejoignent le Bès qui, ayant sa source sous le signal de Mailhebiau, parcourt le plateau du sud au nord avant de se jeter dans la Truyère.

De nombreuses zones humides abritent une flore variée et spécifique, et des tourbières rappellent l'époque très lointaine où le plateau était boisé.

TRÈFLE D'EAU / PHOTO A.O.

LAC DE SAINT-ANDÉOL
PHOTO L.V./FFRANDO 12

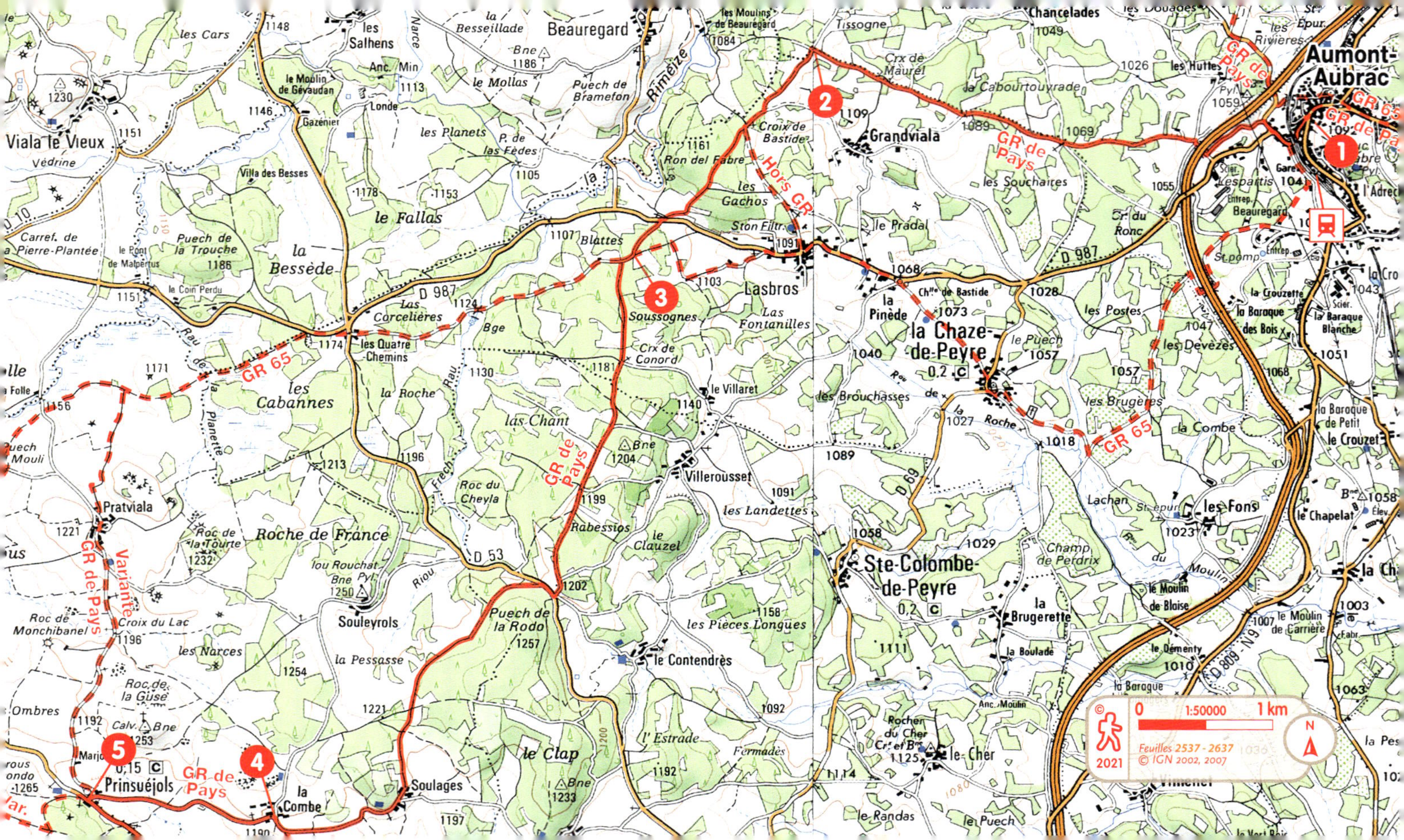
Aumont-Aubrac
GR 65
GR de Pays
Hors GR
Variante
1
2
3
4
5
Viala le Vieux
Beauregard
Grandviala
Lasbros
la Chaze-de-Peyre
Ste-Colombe-de-Peyre
Villeroussot
le Villaret
Soussognes
les Quatre Chemins
les Cabannes
le Fallas
la Bessède
Roche de France
Souleyrols
le Contendrès
Soulages
la Combe
Prinsuéjols
Pratviala
le Clap
Puech de la Rodo
les Fons
la Brugerette
le Cher
D 987
D 53
1:50000
1 km
Feuilles 2537 - 2637
© IGN 2002, 2007
2021

Le sentier GR® de Pays
Tour des Monts d'Aubrac

> Attention, pas de ravitaillement entre Prinsuéjols et Saint-Chély-d'Aubrac.

> Pour rejoindre le GR® de Pays depuis la gare, emprunter la N 9 à gauche (nord-ouest) jusqu'au monument aux morts.

> Jonction avec le GR® 65 qui vient à droite (est) du Puy-en-Velay (voir le topo-guide du GR® 65, *Sentier vers Saint-Jacques-de-Compostelle, Le Puy - Figeac*).

D'Aumont-Aubrac à la croix de Bastide

6,5 km 1 h 50

À Aumont-Aubrac >

> Le bourg, autrefois fortifié, conserve des maisons des XVIe et XVIIe siècles aux façades de pierre de taille et aux rez-de-chaussée voûtés s'ouvrant en arceaux. L'église Saint-Étienne, ancien prieuré bénédictin, remonte à 1061 ; très remaniée, elle a conservé son chœur roman et plusieurs chapelles latérales gothiques.
Aumont est dominé par le Truc de Fabre, hauteur sur laquelle a été édifié en 1946 une imposante statue du Christ Roi, et d'où la vue est très belle.

1 Au monument aux morts, l'itinéraire descend à gauche la D 987 (route de Nasbinals), passe sous la voie ferrée, laisse le GR® 65 sur la gauche et continue sur la D 987 jusqu'à la D 50. Prendre cette dernière sur 50 m et obliquer à gauche par le chemin vicinal qui passe sous l'autoroute. Traverser la route des Huttes. Emprunter en face un chemin goudronné puis gravillonné jusqu'à une intersection. Continuer tout droit, direction nord - nord-ouest, sur près de 2 km en ignorant les chemins à droite et à gauche.

2 Prendre le chemin à gauche jusqu'à la croix de Bastide.

De la croix de Bastide à la Combe

5,7 km 1 h 45

Hors GR® > pour Lasbros 1,3 km 20 min |

Emprunter à gauche le chemin montant légèrement puis descendant tout droit à Lasbros.

Continuer sur une piste direction sud-ouest jusqu'à la D 987. La traverser puis prendre le chemin bitumé.

> Jonction avec le GR® 65 venant d'Aumont-Aubrac.

3 Le suivre sur 50 m jusqu'à une bifurcation. Obliquer à gauche *(balisage jaune et rouge)*, passer à la croix de Conord, poursuivre sur près de 2 km jusqu'à la D 53, l'emprunter à droite sur 30 m environ et tourner à gauche. Contourner le Puech de la Rodo par le nord pour arriver au hameau de Soulages. Emprunter vers l'ouest un chemin vicinal goudronné jusqu'à la Combe (1 025 m).

> Un chemin goudronné à gauche permet de gagner directement Trémouloux.

De la Combe à Prinsuéjols

1,5 km 20 min

4 Poursuivre par la route jusqu'à Prinsuéjols.

PATRIMOINE

Fours, moulins, ferradous

Au cours de votre randonnée, vous remarquerez la qualité du petit patrimoine rural : les bâtiments traditionnels sont tous en granit encore fréquemment couverts de lauzes. Dans beaucoup de villages sont encore visibles les fours communaux d'une taille adaptée au nombre de maisons. Sur certains ruisseaux, on trouve des moulin, en général des petites exploitations agricoles complétées par une activité de meunerie. Ils sont donc composés, au rez-de-chaussée de la partie d'habitation, d'une étable et du moulin. Le tout est surmonté par la grange à foin qui assure la nourriture des bêtes en hiver et l'isolation thermique. L'eau arrivée par le béal (canal) dans la gourgue (réservoir), entraîne une roue horizontale.
Le long de tous les chemins, les innombrables croix, parfois sculptées, indiquent des croisements, rappellent des vœux, des décès, des accords entre voisins pour délimiter les propriétés.
Au milieu des hameaux, vous rencontrerez souvent des ferradous, qui servaient au ferrage des animaux.

De haut en bas :
Four / photo D.B.
Ferradou / photo D.B.

PATRIMOINE

Les croix des Morts

Aux environs des villages, on remarquera de nombreuses croix qui ne sont pas obligatoirement placées aux carrefours. Certaines sont joliment sculptées, ce qui représente un certain mérite de la part de l'artiste, car il s'agit en général de croix en granit du pays dont les grains, souvent très gros, sautent plutôt que de se laisser tailler.
On appelle ces croix les « croix des Morts » parce qu'autrefois, on avait coutume d'emporter les cercueils à dos d'homme jusqu'à l'église souvent très éloignée du domicile du défunt. Ces croix marquaient l'endroit où les porteurs pouvaient poser la bière et se relayer.

PATRIMOINE

LE CHÂTEAU DE LA BAUME

Le Gévaudan médiéval était divisé en huit baronnies, dont celle de Peyre. qui s'étendaient de Marvejols à Aumont et à Marchastel. De nombreux noms de lieux rappellent encore cette histoire : Sainte-Colombe-de-Peyre, La Chaze-de-Peyre, Saint-Sauveur-de-Peyre, etc.
Au XVIIe siècle, à la suite de litiges familiaux, le siège de la baronnie qui était sur le roc basaltique de Saint-Sauveur-de-Peyre, s'établit à La Baume. La famille de Peyre construisit d'abord un château modeste et utilitaire avec d'importantes annexes, puis, sous Louis XIV, César de Peyre voulut un domaine digne de ses importantes fonctions dans le Gévaudan et le Languedoc. Il fit édifier l'imposante façade du sud qui valut au château le surnom de « Versailles du Gévaudan ».
Ayant gardé un important mobilier d'origine complété au début du XXe siècle, richement décoré de peintures et de tapisseries, le château est assez original car très différent de ses contemporains de régions plus clémentes et pourtant témoin de la splendeur du Grand Siècle. D'un aspect assez austère à l'extérieur, il nous séduit par le raffinement de sa décoration intérieure. Il appartient depuis le milieu du XIXe siècle à la famille de Las Cases, descendant du mémorialiste de Napoléon dont de nombreux souvenirs sont visibles.

Château de la Baume, 48100 Prinsuéjols, visite (guidée) toute l'année : hors saison sur rendez-vous (04 66 32 51 59), juillet-août tous les jours (10h-12h et 14h-18h), www.chateau-delabaume.org

CHÂTEAU DE LA BAUME / PHOTO M.-P. DE B.

le Py
Las Ombres
la Guse
Calv.
Bne
Marjoulet
0,15
C
Prinsuéjols
Crous Grondo
GR de Pays
4
la Combe
Soulages
le Clap
l'Estrade
Fermades
Variante
5
GR de Pays
Lasfonds
Hermabessière
le Bouchet
Lou Lac
Anc. Min
Hors GR
6
Lous Puèches
Lou Chayla
l'Espinasse
Charbonnière
GR de Pays
le Ventouzet
Centre d'Accueil
Belvezet
Las Chants
Combe Sourde
Sagnes
Basses
Trémouloux
Fréjoutes
le Moulin de Pierrou
el Coucut
Font Belle
Las Chirouses
l'Azuel
Gazelle
Crueize
le Moulin de Fréjoutes
Lou Baou
la Védrinelle
le Mazel
le Ventoux
Truc de Gotty
le Bois Grand
7
8
la Gardille
Graillouse
Variante
Plo de la Champ
Anc. Min
lou Coual
Chât.
Chauchagrun
Gazellette
Roc de St-Jean
la Baume
Masseloup
Ressouches
Anc. Buron
Bois Levé
9
la Couronne
L. Bge du Moulinet
Mazuc de Castagnier
Usanges
Usanges
Théroundel
la Cham
Crueizette
le Moulin du Long
GR de Pays
Gibertès
Las Coumbes
Piourette
Puech del Bouos
la Recouse
Las Barthes
la Barte
Truc de la Garde
Simières-Crozes
Sce Captée
la Lande
le Gibertès
Puech del Ginès
0,2
le Buisson
Sce Captée
Ron de Matas
Bne
Peyre Grosse
Bouos de las Mogaus
les Caves
D 11
Puech Ventoux
Prunevayre
le Cornage
lou Ronc
Puech Débard
Puech del Faou
Sce Captée
la Faysse
Sinières
Sinières-Planes
le Moulin de Simières
la Devèze Grande
10
Puech de Budel
Bois de la M
Lou Pastural
Chantegrenouille
la Devèze Nove
lou Puech
Anc. Buron
la Mourade
la Souchère
Sagne Rouge
Chaldecoste
D 900
Puech Redoun
Hors GR
Pyl.
le Plo
Radio Balise
Variante
Pic de Mus
Vge
le Cheyla
Fressegut
la Coste
Anc. Buron
Rvoir
Rvoir
Baraque de Bonnal
Ronc Daudé
le Mazel
la Tieule
le Crouzet
St-Laurent-de-Muret
Taupinet
Chanteloup
0,2
C
11
le Monnet
la Graillouse
Las Moussières
Prat Magnot
Rvoir
St-Laurent
la Terrasse
Ston Pomp.
Muret
Puech del Trap
12
Puech de las Souches
Peyre Grosse
Baraque du Plo
GR de Pays
la Montagne de Bessière
Vergnecroze
Sce Captée
la Tournelle
Bne
le Chalet
Puech del Gay
Mure Légue
Sce Captée
Terre de la Blatte
Truc de l'Église
Bonalbert
le Sauvage
Sce Captée
Lou Vernet
Puech de l'Evers
Bne
le Mas
la Blatte
la Vaissière
la Lande
Anc. Mine de Plomb Argentifère
Rocher de l'Échelle
Bouos del Four
Biourière
Truc de César
Fabrèges
Truchon
Boisserette
©
2021
0
1:60000
1,2 km
(feuilles 1:50000 réduite)
Feuilles 2537
2538
© IGN 2001, 2002
N

> Variantes balisées vers GR® 65 et GR® de Pays vers Saint-Laurent-de-Muret : depuis le restaurant, prendre sur 500 m le chemin goudronné au départ qui monte au-dessus du hameau.
- À droite, une variante rejoint le GR® 65 avant Finyerols (2,4 km), voir p. 58.
- La piste plein sud rejoint le hameau d'Usanges. Traverser une petite route et prendre en face pour gagner la D 900. La suivre à gauche sur 300 m puis emprunter la route à droite (plein sud) sur 1 km. Au transformateur, tourner à gauche pour atteindre le village de Sinières. Descendre à droite dans le village (point d'eau), franchir un ruisseau, tourner à droite puis à gauche pour monter en direction de Chaldecoste. Dans Chaldecoste, descendre à gauche pour prendre la route sur 250 m puis le chemin qui descends à droite. Franchir le ruisseau de Sinières, puis grimper en face en direction du pic de Mus. Arriver à un replat, franchir à gauche une chicane pour entrer dans le pâturage (⚠ > **présence de troupeaux, suivre la clôture**). Franchir plusieurs chicanes, arriver sur le chemin qui descend à Saint-Laurent-de-Muret (11).

De Prinsuéjols au château de la Baume — 4,6 km — 1 h 10

À Prinsuéjols >

> Église romane avec clocher à peigne.

(5) Quitter le village par la D 73, la suivre sur 2 km environ.

(6) Prendre à droite la route de Trémouloux. Traverser ce hameau ( ) et, à sa sortie, emprunter à droite (sud) un chemin longeant le bois Grand jusqu'au barrage de l'étang de la Baume.

(7) Tourner à gauche pour passer sur la digue de l'étang et déboucher sur un chemin goudronné par lequel on descend jusqu'au château de la Baume.

Du château de la Baume au carrefour de Chantegrenouille — 6,8 km — 1 h 45

À la Baume >

(8) Du château de la Baume, rejoindre la D 73 et l'emprunter sur la droite. Après 1 km, l'itinéraire quitte la route par la gauche, puis y revient.

(9) 150 m plus loin, à un carrefour (cote 1151), prendre à droite (plein sud) le chemin menant au hameau Le Gibertès (1 151 m). Là, emprunter à gauche la D 11. 1 km plus loin, avant une croix *(dénommée la croix de Chabert)*, prendre à droite le chemin dit de la Devèze Grande qui monte dans les bois et atteint un carrefour au nord du hameau de Chantegrenouille.

Du carrefour de Chantegrenouille à Saint-Laurent-de-Muret — 2,4 km — 35 min

Hors GR® > pour le Mazel 3,5 km — 1 h

Descendre la piste à gauche.

(10) Continuer tout droit jusqu'au hameau de Chantegrenouille. De là, descendre la route, puis la quitter à gauche pour s'engager sur un chemin menant à une croix près de la Baraque de Bonnal. Traverser la D 900, prendre en face et suivre vers le sud la route pour gagner Saint-Laurent-de-Muret (1 180 m).

De Saint-Laurent-de-Muret au Truc de l'Église — 3 km — 45 min

À Saint-Laurent-de-Muret >

(11) Traverser le village et prendre le chemin du Crouzet sur quelques mètres. À la sortie du village, prendre à gauche un chemin qui traverse un bois, il monte sur le plateau et aboutit sur une ancienne voie romaine dont les pavés apparaissent par endroits. Suivre cette voie qui serpente au milieu de la bruyère, et franchir le ruisseau du Piou au Truc de l'Église (1 223 m).

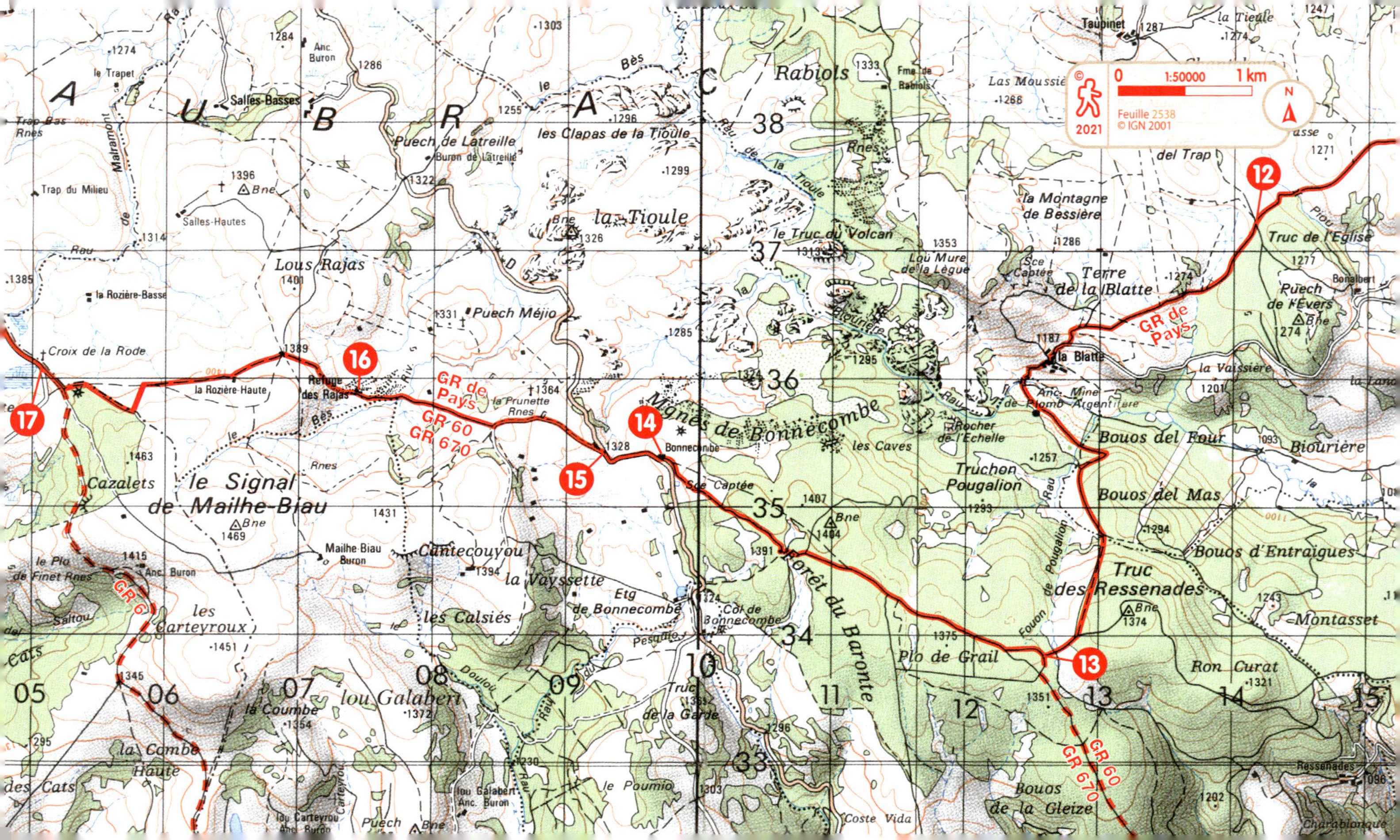

0 1:50000 1 km
Feuille 2538
© IGN 2001
© 2021
N
12
13
14
15
16
17
GR de Pays
GR 60
GR 670
GR 6
A U B R A C
Rabiols
Fme de Rabiols
Las Moussié
la Tieule
Taupinet
la Montagne de Bessière
del Trap
Truc de l'Église
Puech de l'Evers
Terre de la Blatte
la Blatte
la Vaissière
Anc. Mine de Plomb Argentifère
Bouos del Four
Bioùrière
Bouos del Mas
Bouos d'Entraigues
Truc des Ressenades
Montasset
Ron Curat
Ressenades
Charabionque
Bouos de la Gleize
Plo de Grail
Forêt du Baronte
Truchon Pougalion
Rocher de l'Échelle
les Caves
Mignes de Bonnecombe
Bonnecombe
Sce Captée
Col de Bonnecombe
Etg de Bonnecombe
Truc de la Garde
le Truc du Volcan
Lou Mure de la Lègue
la Tioule
les Clapas de la Tioule
Puech de Latreille
Buron de Latreille
Puech Méjio
Lous Rajas
Refuge des Rajas
la Prunette
la Rozière-Haute
la Rozière-Basse
Salles-Basses
Salles-Hautes
le Trapet
Trap du Milieu
Croix de la Rode
Cazalets
le Signal de Mailhe-Biau
Mailhe-Biau Buron
Cantecouyou
la Vayssette
les Calsiés
les Carteyroux
lou Galabert
la Coumbe
la Combe Haute
le Poumio
Coste Vida
des Cats

Du Truc de l'Église au Plo de Grail — 6 km — 2 h

12 Continuer jusqu'au hameau de La Blatte. Descendre par un chemin vers un pont romain sur le ruisseau de la Biourière. Remonter ensuite jusqu'au lieu-dit Bouos del Mas. Monter dans la pâture en longeant la clôture (⚠ **> bien refermer les barrières).** À la sortie du pâturage, prendre à droite pour gagner le Plo de Grail (1 375 m).

> Jonction avec le GR® 60 (voir p. 67), emprunté par le chemin de Saint-Guilhem-le-Désert.

> Jonction avec le GR® 670 *Chemin Urbain V*, commun vers le nord-ouest avec le GR® de Pays jusqu'au Pendouliou de Fabrègues ; vers le sud-est, le GR® 670 est commun avec le GR® 60 jusqu'au-dessus du Radal de Trébatut.

Du Plo de Grail à Bonnecombe — 3 km — 45 min

13 Du Plo de Grail, l'itinéraire suit un chemin (nord-ouest) jusqu'à Bonnecombe (1 340 m).

De Bonnecombe au buron des Rajas — 2 km — 30 min

À Bonnecombe >

⚠ **> Les chiens même tenus en laisse sont interdits entre 15 et 17 (à la sortie de l'estive exactement).**

14 Descendre la D 52 jusqu'à l'ancienne maison cantonnière.

15 Prendre à gauche (ouest) la draille, bifurquer à droite et descendre jusqu'au ruisseau le Bès et au buron des Rajas (1 330 m).

Du buron des Rajas à la croix de la Rode — 2 km — 45 min

Au Buron des Rajas >

16 Passer au nord du Signal de Mailhebiau (1 469 m) en longeant les clôtures. À la sortie du pâturage (passage d'hommes), descendre à droite jusqu'à la croix de la Rode.

> Jonction avec le GR® 6 qui, au sud, se dirige vers La Canourgue (voir p. 65). Vers le nord, ce GR® est commun avec le GR® de Pays *Tour des Monts d'Aubrac* jusqu'à Saint-Chély-d'Aubrac. Le balisage est blanc et rouge.

GÉOGRAPHIE

Le Piou et le Rapiou

Entre Saint-Laurent-de-Muret et La Blatte, le sentier franchit un ruisseau, le Piou, qui prend sa source un peu plus haut, à une altitude de 1 270 mètres et qui coule vers le sud-est pour se jeter dans la Colagne, affluent du Lot. À quelques mètres de cette source prend naissance un autre ruisseau le Rapiou qui, lui, part dans une direction complètement opposée et se dirige vers le nord-ouest à la rencontre du Bès, affluent de la Truyère. Ce phénomène se retrouve souvent en Lozère, département surnommé « le château d'eau » de la France. Il est, en effet, probablement le seul à distribuer de l'eau à tout le monde en n'en recevant de personne. À l'est, ses eaux coulent vers l'Allier et la Loire. Le Lot et la Truyère se dirigent vers la Garonne et de nombreux ruisseaux des Cévennes s'orientent vers la Méditerranée, directement ou allant d'abord grossir le Rhône.

GÉOGRAPHIE

LES MONTAGNES

Un socle granitique primaire, recouvert sur sa moitié ouest de trois couches de basalte qui résonnent sous le pied, tel est le sol de l'Aubrac, sur lequel pousse une végétation herbeuse particulièrement drue. C'est ici que se retrouvent chaque été plus de 50 000 vaches. Le plateau est divisé en plusieurs « montagnes » appartenant à un certain nombre de propriétaires. Elles sont un peu plus de 300 actuellement, sur lesquelles, du 25 mai au 13 octobre, vivent des bovins venant de 109 communes.

La transhumance est une véritable fête. Une vache déjà expérimentée précède toutes ses jeunes compagnes, qui sont accompagnées du veau né dans l'hiver. Elle porte fièrement sur ses cornes un drapeau, ou quelque genévrier garni de fleurs en papier. Les animaux resteront en estives durant 145 jours. La race la mieux adaptée est celle d'Aubrac, facile à distinguer grâce au pelage couleur de miel et aux yeux cernés de noir.

Les troupeaux redescendront autour du 13 octobre, c'est la Davalada.

PHOTO L.V./FFRANDO 12

GASTRONOMIE

La race Aubrac

Les premiers animaux enregistrés au livre généalogique de la race Aubrac remontent à 1894. La lecture des archives révèle même que la sélection a débuté bien longtemps avant cette date. De vieux écrits notent qu'au XVIIe siècle les religieux de l'ordre des bénédictins, installés dans l'abbaye du village d'Aubrac (en Aveyron), avaient rassemblé les premiers éléments d'un troupeau rationnellement exploité. Au début du XXe siècle, la race Aubrac était très répandue dans le sud et l'est du Massif Central et jusque dans le pays méditerranéen.

Un pelage froment, des cornes en forme de lyre, des yeux qui semblent maquillés de khôl. Dès le premier coup d'œil, l'Aubrac affirme sa présence et affiche sa différence. Mais sa beauté ne fait pas tout. Race rustique allaitante, l'Aubrac développe de nombreuses qualités d'élevage incontestables. Née sur les plateaux de l'Aubrac, la race s'adapte parfaitement à des conditions climatiques extrêmes : écarts de température, vent, froid. Sa robustesse et sa résistance sont reconnues. Son gabarit modéré et ses aplombs solides en font une bonne marcheuse apte aux déplacements. Le milieu difficile de son berceau d'origine a forgé la race et lui a appris à être sobre et peu exigeante en matière de nourriture. Elle est capable de consommer de grandes quantités de fourrages grossiers même de piètre qualité et de s'en accommoder pour sa croissance en mobilisant ses réserves, qu'elle reconstituera en période plus favorable lorsque l'herbe foisonne. C'est son fameux « pouvoir accordéon » lié à sa rusticité.

La vache Aubrac produit un veau par an en toute autonomie et à coûts réduits (alimentation, surveillance, soins) et ce, quelles que soient les conditions d'élevage. Le vêlage est facile et ne nécessite, dans la plupart des cas, aucune surveillance de l'éleveur. Les veaux sont robustes et font preuve de vitalité dès la naissance. La viande Aubrac est un produit naturel, élevé en liberté, profitant du grand air. Sa saveur est donnée par la qualité et la biodiversité de l'herbe pâturée. Issue majoritairement d'une agriculture locale et familiale, c'est le résultat du formidable lien qui unit l'animal, l'homme et le territoire. Il s'agit donc d'un produit de qualité, authentique, qui allie parfaitement traditions et modernité de l'élevage.

Extrait du site Internet de l'UPRA Aubrac
www.race-aubrac.com

Vache de race Aubrac / photo UPRA Aubrac

Aubrac
Lac des Moines
Forêt Domaniale d'Aubrac
Belvezet
les Enfrux
Puech d'Alte-Test
Suc de Born
Tournecoupe
Gandilhoc
Monterbosc
Liaison GR 6 - GR 65
GR 65
GR 6
GR 670
GR 60
GR de Pays
D 987
D 219
D 533
D 211
17
18
19
20
21
23
24
0
1:50000
1 km
Feuille 2538
© IGN 2001
© 2021

De la croix de la Rode au Pendouliou-de-Fabrègues

4,3 km | 1 h 05

17 De la croix de la Rode, suivre une ancienne draille (goudronnée), direction nord-ouest sur 3,5 km. Au niveau d'un marche pied (avant d'atteindre la tourbière) pénétrer dans le pâturage à gauche et rejoindre le buron du Pendouliou-de-Fabrègues (1 359 m).

> En face, le GR® 670 Chemin Urbain V continue vers Nasbinals. Descendre la route jusqu'au croisement, face à une ancienne exploitation de tourbe. Prendre à droite la route qui mène à Montorzier. Devant le bâtiment agricole emprunter, le chemin qui part à droite dans les pâturages. Franchir plusieurs barrières en fer (⚠ **> bien les refermer**). Le sentier descend et franchit le ruisseau de Place-Naltes (voir p. 56). Poursuivre direction plein nord par la piste puis par la D 52 jusqu'au parking de la cascade du Déroc [👁> à droite, cascade du Déroc, buvette l'été]. Traverser le parking, emprunter à gauche, sur quelques mètres, la route qui mène au Baulès puis le chemin qui part à gauche. Il arrive à l'entrée sud de Nasbinals (jonction avec le GR® 65, voir p. 57).

Du Pendouliou-de-Fabrègues à un carrefour

3,5 km | 50 min

👁> On quitte ici la région des pâturages à bovins pour pénétrer dans la zone forestière.

18 Le sentier passe au-dessous du buron du Pendouliou, oblique au sud-ouest, entre dans une forêt (⚠ **> être attentif au balisage**) et va couper la D 219 pour la suivre un court instant à gauche jusqu'à une borne kilométrique.

19 Prendre à droite dans la forêt. Le chemin passe au nord du roc de Campuels (1 304 m), arrive dans la Grande Clairière ; la traverser pour prendre en face la voie romaine et atteindre un carrefour (1 308 m).

Du carrefour au hameau des Enfrux

5 km | 1 h 30

> En prenant la liaison GR® 6 - GR® 65 à droite (nord-est), on peut rejoindre la draille d'Aubrac et le GR® 65 à Aubrac (3 km, 1 h).

20 Le GR® 6 et le GR® de Pays continuent à gauche (sud-ouest) sur la voie romaine et arrivent par un large chemin d'exploitation [👁> point de vue sur la vallée] au hameau des Enfrux (1 120 m).

TRADITIONS

LE BURON

À l'origine, les « mazucs », simples cabanes creusées à même le sol et couvertes de branchages, abritent la production de fromages durant les 5 mois d'estives sur le plateau de l'Aubrac.
Progressivement, ils sont remplacés par des burons. Il s'agit alors d'habitations aux murs de pierres à peine équarries supportant un toit de lauze qui descend presque jusqu'au sol.
À l'intérieur, on trouve une salle de fabrication dans laquelle s'élaborait la fourme, ce gros fromage de 50 kg à la pâte onctueuse et parfumée, connu sous le nom de Laguiole. Derrière cette salle, se trouve une cave dans laquelle les fromages terminés s'affinent en attendant d'être descendus et commercialisés à l'automne. Il existe quelquefois, à côté du buron, une autre petite construction, destinée à loger les cochons nourris au « petit lait », qui a été séparé du caillé nécessaire à la fabrication du fromage.
Aujourd'hui, certains burons ont été aménagés en restaurant ou en gîte et sont ouverts pour la plupart de mai à fin septembre. À ce jour subsiste un buron (Puech de la Treille, en Lozère) qui fabrique encore le fromage de Laguiole AOP, ainsi que quelques producteurs fermiers et la Coopérative Fromagère Jeune Montagne à Laguiole.

LE CERF SUR L'AUBRAC

La forêt domaniale constitue un milieu particulièrement apprécié des cervidés qui y trouvent en abondance une nourriture variée faite d'herbe et de végétaux ligneux.
Réintroduit dans les forêts de l'Aubrac dans les années 1960 en provenance du domaine de Chambord, il est l'animal sauvage le plus imposant pouvant être observé dans la région.
Ils sont à l'heure actuelle un millier de têtes réparties entre la forêt de l'État et les massifs forestiers voisins, et dont un certain nombre est chassé chaque année pour maintenir l'équilibre des populations avec le milieu.

CERF BRAMANT
DESSIN P.R.

Animal majestueux, le cerf peut atteindre 250 kg. Il possède des bois qui tombent chaque année en sortie d'hiver et repoussent aussitôt pour atteindre leur apogée en été.
Le brame du cerf, qui le rend célèbre, est le nom donné à la période de reproduction tout comme au cri qu'il manifeste à cette occasion en quête de femelle. Possédant un odorat très développé, il est en permanence attentif, repérant la présence d'animaux ou d'humains, et s'éloignant discrètement et rapidement en cas de danger.
La biche est la femelle du cerf, elle ne possède pas de bois. Les biches vivent toujours en groupes baptisés « hardes » qui sont composées des femelles, des faons et d'animaux juvéniles.
Le faon est le petit de la biche, il naît à la fin du printemps.
L'alimentation des cervidés repose sur la consommation d'herbe, de bourgeons, de rameaux et d'écorce d'arbres, de fruits, de glands et de champignons.
La période du brame, de mi-septembre à mi-octobre, attire passionnés de la nature et autres curieux dont le nombre grandissant trouble la quiétude des animaux en période de reproduction ; c'est pourquoi une zone refuge de 550 hectares (sur les 12 000 du massif) a été créée pour protéger les cerfs à cette époque de l'année.
Parallèlement, des zones d'écoute et des points d'observation ont été aménagés par l'ONF, et des sorties organisées pour satisfaire l'attente du public et le sensibiliser sur l'intérêt de cette protection.
Autres animaux présents sur l'Aubrac : le chevreuil, le sanglier, le renard, le blaireau, la loutre, la martre, la genette, pour les plus caractéristiques ; et pour les rapaces : buse, faucon crécerelle, circaète jean-le-blanc… et le loup de passage.

GÉOLOGIE

Aperçu de la géologie de l'Aubrac

Le socle de la région de l'Aubrac est granitique dans sa majeure partie, sauf au sud et à l'ouest où se développe une ceinture de roches métamorphiques. Le plateau de l'Aubrac est incliné vers le nord, ce qui explique ses conditions climatiques. Il y a près de deux millions d'années, à travers des failles des vieux terrains primaires, ont vu le jour des épanchements de laves fluides en couches successives, empilées les unes sur les autres. Comme les laves se sont écoulées en nappes, sans explosions, les cendres, scories et bombes sont rares. Ces coulées s'arrêtèrent il y a 600000 à 700000 ans. L'Aubrac que nous connaissons est celui des pierres noires. Le sol primitif se retrouve, sous les basaltes, en quelques points privilégiés, notamment dans la grotte des Salhiens ou Déroc : sous les beaux prismes noirs une terre jaunâtre brûlée par la chaleur de la coulée.

Sur cette carapace, des glaciers se sont déposés, aidés par la pente générale vers le nord. Une énorme lentille de glace s'est accumulée (300 m) sur le plateau, abandonnant lors des périodes ultérieures plus chaudes des moraines de boues argileuses, de sable (exploité), de graviers, de blocs rayés dits « erratiques » charriés par le glacier. Les roches du sol en place ont été lissées, arrondies, moutonnées caractéristiques du paysage de l'Aubrac.

Ces périodes glaciaires nous ont laissé des lacs : Saint-Andéol, Born, Salhiens et d'autres pingos, appelés « laquets », sortes de petites mares par temps pluvieux.

Dans les creux, des plantes aquatiques (sphaignes) en poussant, puis en pourrissant par la base se transforment avec le temps en charbon : ce sont les tourbières, exploitées pour le combustible et la culture florale.

Attention aux « tremblants » dans les bas-fonds ! Ils dansent dangereusement sous les pieds. On raconte des enlisements de gens et d'animaux attelés qui s'y sont engloutis.

Affleurement d'orgues basaltiques / photo P.W.

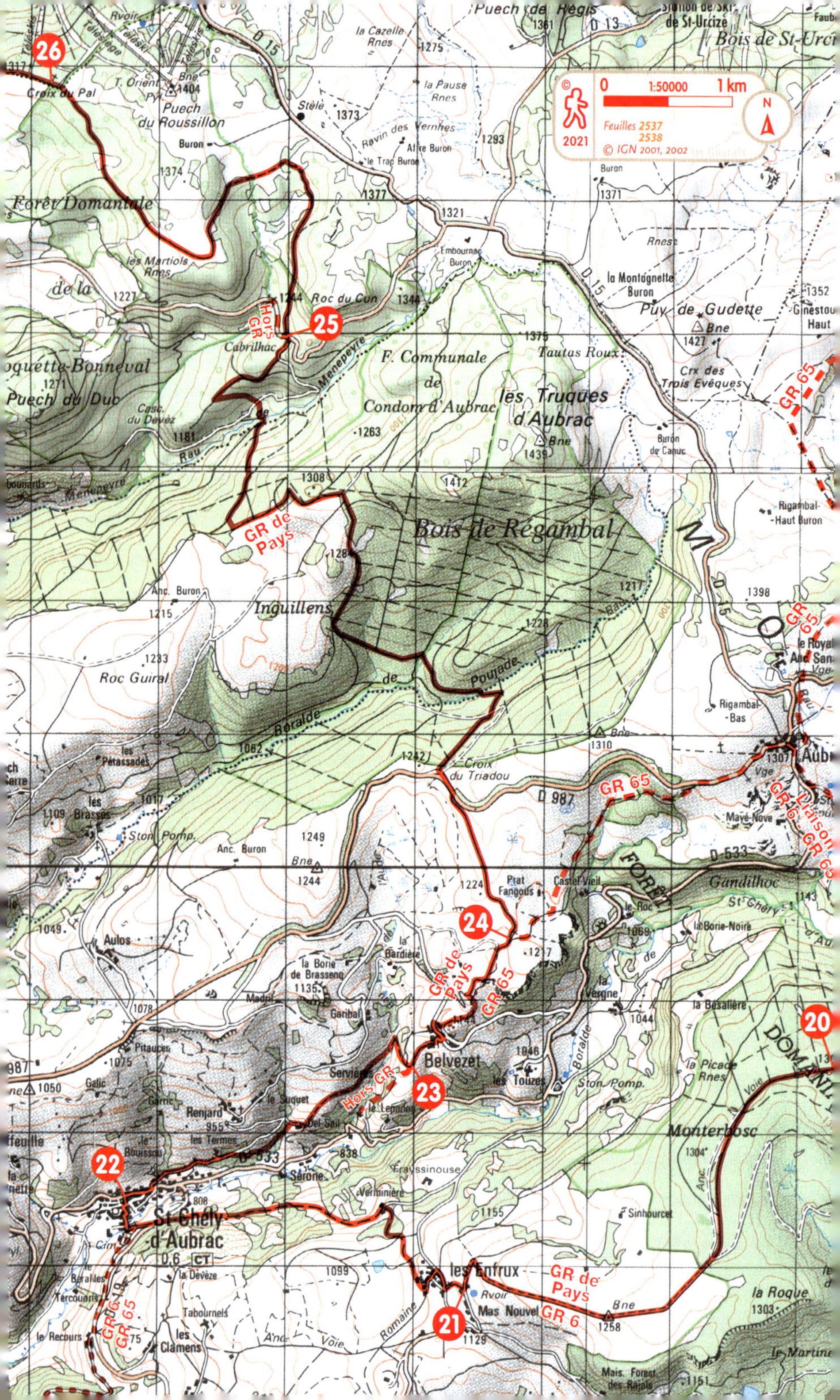

1 km
1:50000
Feuilles 2537
2538
© IGN 2001, 2002
2021
N
26
25
24
23
22
21
20
Croix du Pal
Puech du Roussillon
Forêt Domaniale
de la
Roquette-Bonneval
Puech du Duc
Roc du Cun
Cabrilhac
Hors GR
F. Communale
de
Condom d'Aubrac
les Truques
d'Aubrac
Bois de Régambal
GR de Pays
Inguillens
Roc Guiral
Boralde
de
Poujade
Croix du Triadou
D 987
GR 65
GR 6
Liaison GR 65
Mayé-Nove
Gandilhoc
Prat Fangous
Castel Vieil
Belvezet
Hors GR
St-Chély
d'Aubrac
les Enfrux
Mas Nouvel
Monterbosc
la Roque
Aulos
Puech de Régis
Bois de St-Urcize
Puy de Gudette
la Montagnette Buron
Crx des Trois Evêques
Tautas Roux
Rigambal-Haut Buron
Rigambal-Bas
Sérone
Verminière
Fraysinouse
Sinhourcet
le Recours
les Clamens
Tabournels
la Devèze
la Bessalière
la Borie-Noire
Servières
Renjard

Du hameau des Enfrux à Saint-Chély-d'Aubrac

3 km 45 min

Les Enfrux >

21 Traverser le hameau [> fontaines] ; au bas du village, virer à droite en empruntant le chemin étroit bordé de murets. Traverser une pâture et descendre à droite un chemin caladé (dallé) pour rejoindre la ferme de Verminière. Se diriger à gauche, passer entre les maisons et descendre. Couper la D 19, continuer en face, passer près du cimetière, franchir le pont sur la Boralde et atteindre Saint-Chély-d'Aubrac (792 m).

De Saint-Chély-d'Aubrac au carrefour de Sarbonnel

3 km 45 min

À Saint-Chély-d'Aubrac >

> Le GR® de Pays *Tour des Monts d'Aubrac* est commun avec le GR® 65 (balisage blanc-rouge).

22 Depuis le centre du village, prendre la rue principale en direction d'Aubrac, bifurquer à gauche sur la route de l'Adrech et continuer sur 1 km.

En cours de montée, obliquer à droite sur le sentier qui descend, puis emprunter le chemin bordé d'un muret qui conduit à la ferme de la Vayssière (Del Sail sur la carte). Franchir ensuite le ruisseau de l'Aude et atteindre le carrefour de Sarbonnel.

Du carrefour de Sarbonnel à la croix du Pal

15 km 4 h 15

Hors GR® > pour Sarbonnel 500 m 10 min |

Descendre la piste à droite.

23 Tourner à gauche pour gagner Belvezet *(eau)*. Continuer à gauche jusqu'à la croix de la Crouzette.

> Séparation du GR® 65 et du GR® de Pays (Aubrac à 3 km, 55 min).

⚠ > Le parcours dans la forêt domaniale d'Aubrac entre la croix du Triadou et la grotte du Maquis de Condom (ou des Résistants) est réglementé entre le 15/09 et le 15/10 en période de brame du cerf.

24 Suivre la piste de gauche au milieu des prés. Emprunter la D 987 à gauche sur 100 m. À la croix du Triadou, tourner à droite, descendre légèrement à gauche, franchir le passage aménagé et trouver le chemin qui s'enfonce dans le bois parallèlement à la piste forestière (**⚠ > ne pas quitter le chemin balisé : zone de chasse aux grands gibiers**). Descendre au milieu des sapins et des hêtres, puis traverser la piste forestière. Franchir à gué la Boralde de Poujade (ou la passerelle, 75 m en amont). Continuer en forêt, grimper vers les Enguilhens, passer près de la grotte des Résistants (à droite), laisser deux chemins à droite, un à gauche et arriver à un carrefour. Bifurquer à gauche, suivre la lisière du bois, entrer à droite dans le bois de la Roquette-Bonneval, descendre et franchir à gué (ou par le pont, à droite) le ruisseau de Menepeyre. Monter par des chemins forestiers jusqu'à la D 164.

> À gauche, à 400 m, possibilité d'aller à la cascade du Devez [> haute de 30 m] et à une fosse à loup : suivre la signalétique.

25 La traverser et s'engager en face sur le chemin fermé par une barrière. Le suivre en forêt, emprunter la piste noire de ski nordique pour déboucher sur la montagne de la Poujade. Laisser à 500 m à droite le buron ONF de la Paouade, entrer en forêt pour ressortir, rejoindre la forêt domaniale de la Roquette-Bonneval et atteindre la croix du Pal (1 311 m).

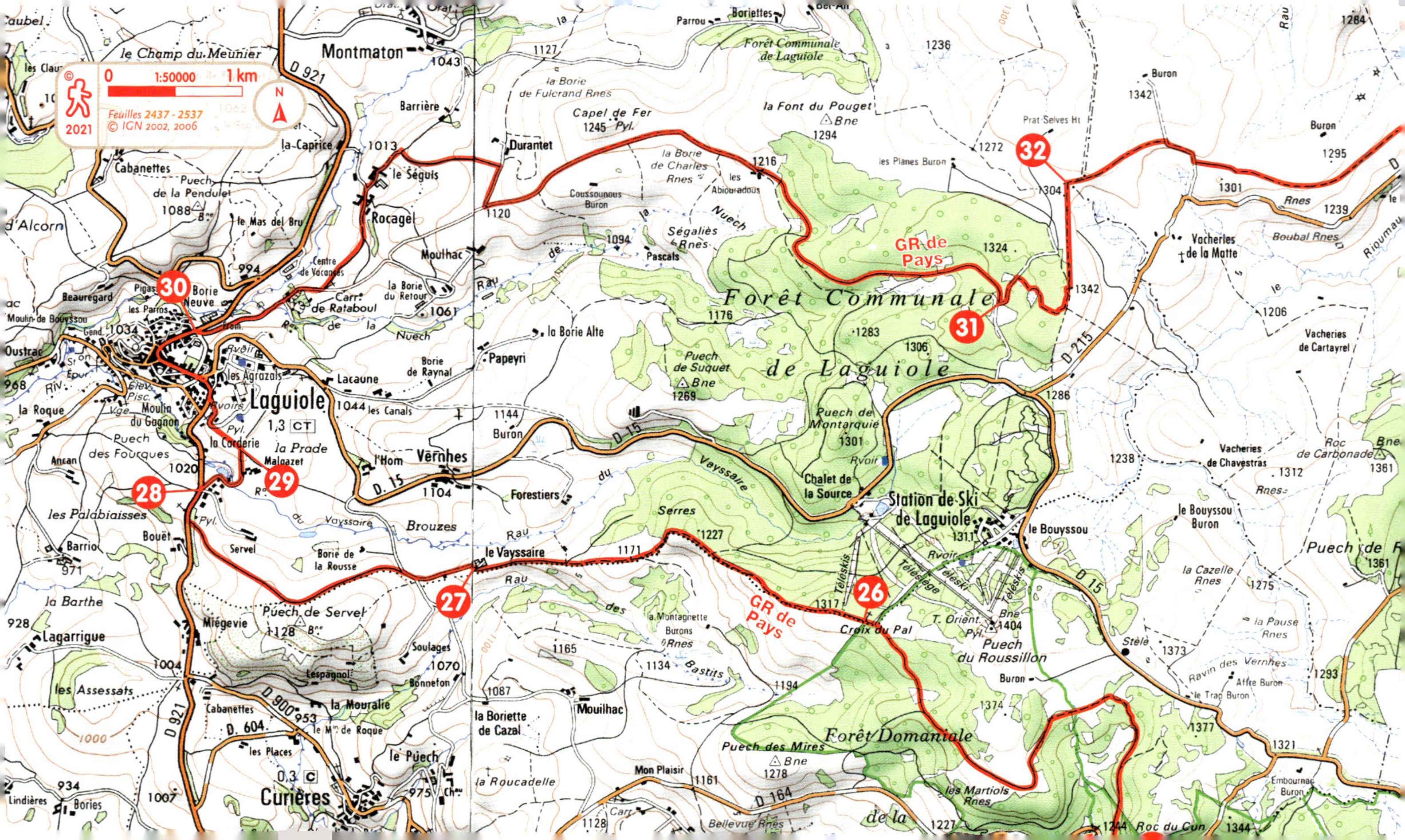
0 1:50000 1 km
2021
Feuilles 2437 - 2537
© IGN 2002, 2006
N
Laguiole
Station de Ski de Laguiole
Forêt Communale de Laguiole
Forêt Domaniale
GR de Pays
GR de Pays
26
27
28
29
30
31
32
Montmaton
Curières
le Champ du Meunier
Cabanettes
Puech de la Pendule
d'Alcorn
Beauregard
Borie Neuve
la Roque
Puech des Fourques
les Palabiaisses
Bouët
Barrio
la Barthe
Lagarrigue
les Assessats
Miégevie
Puech de Servel
Lespagnol
la Mouralie
Soulages
Bonnefon
le Puech
les Places
Lindières
Bories
la-Caprice
le Séguis
Rocagel
Moulhac
Barrière
Durantet
Capel de Fer
la Borie de Fulcrand Rnes
Carr. de Rataboul
la Borie du Retour
Lacaune
Borie de Raynal
les Canals
l'Hom
Vernhes
Papeyri
la Borie Alte
Forestiers
Brouzes
Servel
Borie de la Rousse
le Vayssaire
la Prade
Malazet
la Corderie
Coussounous Buron
Ségaliès Rnes
Pascals
la Borie de Charles Rnes
les Abiouradous
la Font du Pouget
Puech de Suquet
Puech de Montarquié
Chalet de la Source
Serres
Vayssaire
la Montagnette Burons
Bastits
la Boriette de Cazal
Mouilhac
Mon Plaisir
la Roucadelle
Puech des Mires
Croix du Pal
Puech du Roussillon
le Bouyssou
les Martiols Rnes
Roc du Cun
Embournac Buron
Vacheries de la Matte
Vacheries de Cartayrel
Vacheries de Chavestras
Roc de Carbonade
le Bouyssou Buron
la Cazelle Rnes
la Pause Rnes
Prat Selves Ht
les Planes Buron
Boubal Rnes
Riomau
Parrou
Boriettes
Stèle
Télésiège
Téléskis
D 921
D 15
D 215
D 900
D 604
D 164

De la croix du Pal **au** lieu-dit Le Vayssaire

3,3 km | 50 min

26 Descendre vers le nord-ouest en lisière du bois et le long d'une clôture. En bas de la descente, retrouver une draille et gagner le lieu-dit Le Vayssaire (1 086 m).

Du lieu-dit Le Vayssaire **à** Laguiole

4,5 km | 1 h 10

Au Vayssaire >

27 Laisser la ferme sur la droite, suivre la route de desserte puis prendre à gauche un large chemin passant au Puech de Servel pour rejoindre la D 921. Longer à droite la route sur le bas-côté (⚠ **> prudence !)** sur 130 m.

28 Après l'enseigne de jardinerie, suivre à droite une petite route, franchir le ruisseau de Vayssaire et emprunter un chemin jusqu'à un carrefour de drailles.

29 Obliquer à gauche puis emprunter la D 921 jusqu'au centre-bourg de Laguiole (1 032 m).

De Laguiole **à** Prat Selves

11 km | 3 h

À Laguiole >

30 Avant la sortie de Laguiole (D 921 direction Saint-Flour), au carrefour, prendre la petite route à droite (direction Durantet), passer devant la carrière de Rataboul et poursuivre sur 300 m. Au niveau d'une croix en fer forgé, prendre à gauche un large chemin ombragé. Traverser les hameaux de Rocagel et Le Séguis [> maisons traditionnelles]. Aux dernières maisons, dans un virage, emprunter à gauche un chemin creux bordé de murets. Au carrefour, virer à droite sur un sentier qui mène à la route de Durantet. Laisser la ferme sur la gauche et continuer à droite jusqu'au carrefour (point coté 1 120). Poursuivre à gauche sur 2,5 km, rejoindre Les Abiouradous pour s'enfoncer dans le bois de la forêt communale.

31 ⚠ **> Bien suivre le balisage.** À l'entrée d'une clairière [> tourbière de la Vergne Noire], poursuivre à gauche par la piste forestière [> circuit botanique]. À la station n° 5, quitter la piste pour emprunter à droite le sentier qui longe une tourbière. Rejoindre à travers bois (pins et hêtres) le mur de clôture [> vue sur les pâturages]. Longer le mur sur 800 m (nord) jusqu'au carrefour près de Prat Selves (1 304 m).

De Prat Selves **à** Saint-Urcize

6,5 km | 2 h

32 Au carrefour près de Prat Selves, franchir la clôture et longer le muret sur 700 m (nord). Continuer par la piste. Au croisement, emprunter le large chemin à gauche sur 250 m, pénétrer dans un pâturage à droite et suivre le mur de clôture (⚠ **> nombreux portails de clôtures à ouvrir et refermer !)**.

TRADITIONS

UN COUTEAU, LE LAGUIOLE

Dès le Moyen Âge, la fabrication d'outils tranchants et de lames est attestée dans la seigneurie de Laguiole. Le couteau local emblématique porté par les paysans de l'Aubrac est le capuchadou. Il est fabriqué jusque dans les années 1920 à Laguiole. Dès 1828, des couteliers s'installent à Laguiole : Moulin, Glaize, Pierre Jean Calmels, Mas puis Pagès, et fabriquent les premiers couteaux fermants. En 1840, ces « laguioles droits » sont munis d'un poinçon, puis en 1880 apparaissent les premiers laguiole munis d'un tire-bouchon. Les premières « abeilles » ornent les laguioles dans les années 1908-1909. Aujourd'hui l'activité coutelière à Laguiole est une réalité vivante et dynamique comme le démontrent les nombreux ateliers et boutiques dans le village. Amour du travail bien fait, tradition, ouverture vers l'avenir et modernité sont les maîtres mots des fabricants couteliers qui vous accueillent et vous montrent leur savoir-faire (liste des ateliers visitables disponible à l'office de tourisme de Laguiole).

Extrait de l'historique de Christian Lemasson, ethnographe-guide d'accueil de l'office de tourisme de Laguiole.

GASTRONOMIE

LE FROMAGE DE LAGUIOLE

Bien que la fabrication du Laguiole semble remonter à l'Antiquité, c'est sous l'influence des moines de l'abbaye d'Aubrac au XIIe siècle que s'organisent et se développent l'élevage de troupeaux de bovins et la production de lait en Aubrac.

Après la Révolution, les abbayes dépossédées de leurs terres laissent place à de nouveaux propriétaires qui perpétuent la tradition de l'estive sur les pâturages du plateau de l'Aubrac.

La réputation du fromage de Laguiole se propage très vite. On assiste à une multiplication du nombre de burons, appelés *masucs* en Aubrac : ce sont alors des lieux de fabrication du Laguiole, sur le plateau de l'Aubrac.

La succession des guerres, les contraintes économiques et les conditions de vie austères des buronniers provoquent une chute de la production de fromage qui s'accentue au milieu du XXe siècle.

Pour perpétuer le plus beau fleuron du patrimoine fromager de l'Aubrac et pour lutter contre la désertification de tout un pays, une poignée de jeunes agriculteurs créent la coopérative fromagère Jeune Montagne en 1960.

En 1961, porté par le syndicat de défense et de promotion, le fromage de Laguiole obtient un signe officiel de reconnaissance : l'appellation d'origine contrôlée « Laguiole AOC ».

Ce fromage de vache à pâte pressée non cuite est fabriqué exclusivement à partir de lait cru et entier collecté sur une soixantaine de communes du plateau de l'Aubrac.

Solide et massif à l'image du terroir dont il est issu, le Laguiole AOP se présente sous la forme d'un cylindre de 50 kg. Le taureau, emblème de Laguiole, est moulé à même la croûte. Le fromage de Laguiole doit être ensuite affiné au moins 4 mois (et jusqu'a 24 mois) dans les caves d'affinage.

Le cahier des charges de l'AOP garantit une alimentation des vaches à base de foin et d'herbe (fourrages fermentés, ensilage et enrubannage interdits) issus de la flore des prairies d'altitude de l'Aubrac.

Afin d'assurer les qualités fromagères du lait, récolté et transformé 365 j/an, la production annuelle par vache ne doit pas dépasser 6000 litres de lait et seules les races Simmental et Aubrac sont agréées.

FROMAGE DE LAGUIOLE
PHOTO CJM/P.S.

BURON / PHOTO L.V./FFRANDO 12

HISTOIRE

LES BURONNIERS

En 1883, 300 burons étaient en activité et employaient 1 200 « buronniers » qui produisaient 700 tonnes de fromage. Salariés des riches propriétaires des « montagnes », les vachers et fromagers qui accompagnaient les troupeaux habitaient les burons durant les quatre mois d'été. Selon l'importance du troupeau, les équipes étaient composées de quatre à six personnes :

- le « Cantalès » (chef) dirige l'équipe ;
- le « Pastre » qui assure la traite ; quand son seau est plein, il le vide dans un grand tonneau en bois, la *gerle*, qui est ensuite transporté au buron. C'est également lui qui prépare la tome, s'occupe des vaches et des porcs ;
- le « Bédelier » (de *vedèl* : veau en occitan) s'occupe des veaux et du nettoyage des ustensiles. Son travail est délicat, particulièrement dans les burons où se pratique la traite, car la vache n'accepte de donner son lait que si elle sent son propre veau sous elle. Le bédelier doit donc connaître tous les veaux et leurs mères.
- le « Roul », un très jeune garçon, est chargé des tâches ingrates et qui fait l'apprentissage de la montagne et du buron.

Les buronniers avaient pour habitude de prélever discrètement de la tome fraîche, premier stade de fabrication du fromage de Laguiole, pour organiser des repas festifs et conviviaux autour d'un aligot de l'Aubrac. Dans les années 1950, il ne restait que 55 burons en activité pour 25 tonnes de fromage, puis la production buronnière disparut au profit des fermes et coopératives.

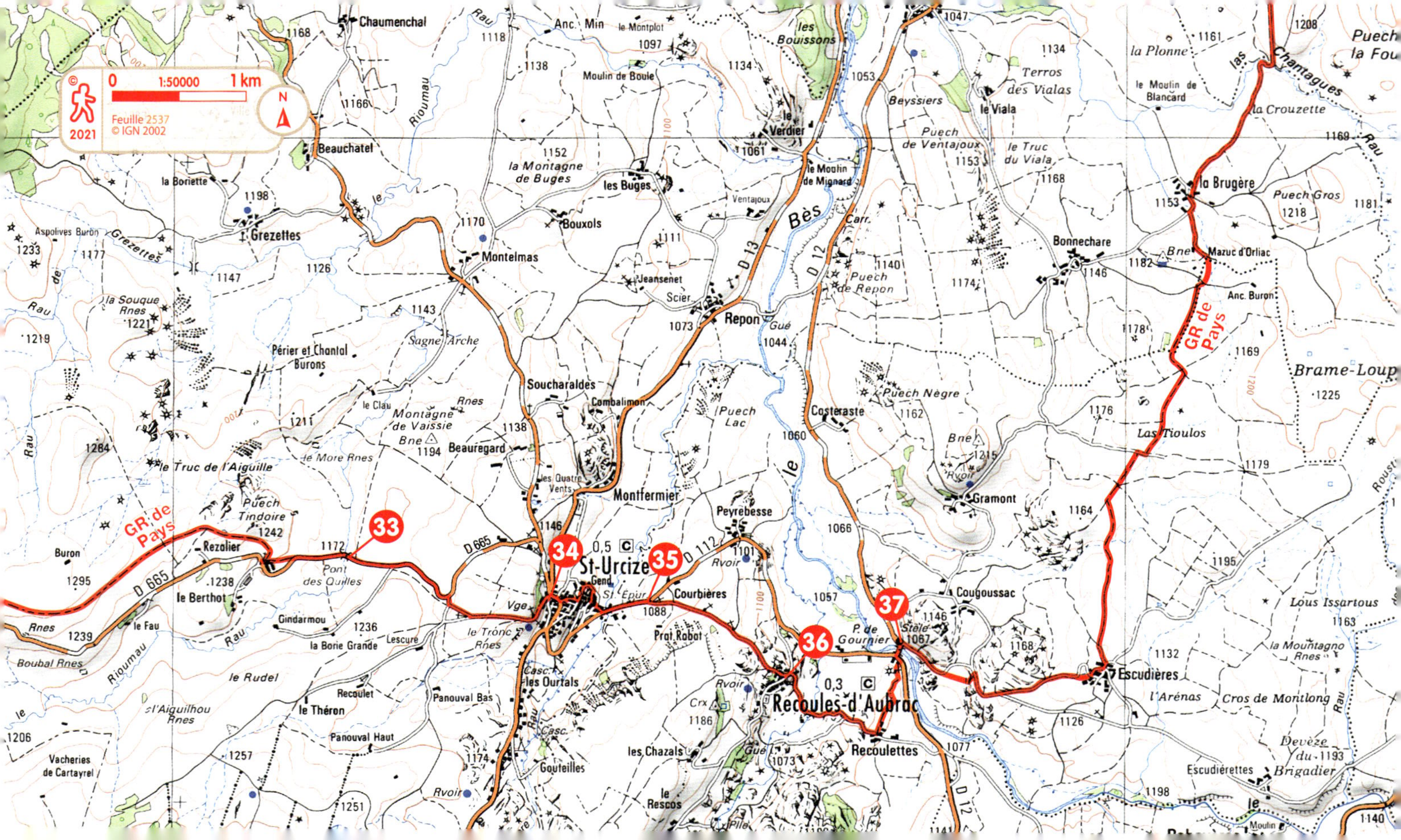

0
1:50000
1 km
N
Feuille 2537
© IGN 2002
2021
GR de Pays
33
34
35
36
37
St-Urcize
Recoules-d'Aubrac
Escudières
Chaumenchal
Beauchatel
Grezettes
Montelmas
Bouxols
les Buges
Repon
Soucharaldes
Combalimon
Montfermier
Peyrebesse
Courbières
Cougoussac
Gramont
Costeraste
Bonnechare
la Brugère
Mazuc d'Orliac
le Viala
le Verdier
Rezolier
le Berthot
Recoulettes
Brame-Loup
Las Tioulos
Bès
D 665
D 13
D 12
D 112

Passer près de la ferme du Berthot et poursuivre par la D 665 pour franchir le pont des Quilles.

33 Poursuivre sur environ 500 m sur la D 665 en direction du sud-est, laisser la route d'accès au Gindarmou. Au virage, prendre à droite vers le Théron puis 50 m plus loin à gauche pour rejoindre la voie communale. Au calvaire, descendre jusqu'à Saint-Urcize (1 113 m).

De Saint-Urcize à Recoules-d'Aubrac

2,3 km | 40 min

À Saint-Urcize >

34 Prendre la route principale, passer devant l'église [> clocher à peigne], tourner à gauche devant l'école et quitter Saint-Urcize par le chemin qui passe devant la gendarmerie. Au bas du village, suivre la D 112 sur 500 m en direction de Nasbinals.

35 À une croix, se diriger par la voie communale vers Recoules-d'Aubrac (1 100 m).

CLOCHER À PEIGNE DE SAINT-URCIZE / DESSIN J.B.

De Recoules-d'Aubrac au pont de Gournier

1,7 km | 25 min

À Recoules-d'Aubrac >

36 Passer en contrebas de l'église [> église romane XIIe siècle]. Utiliser une route qui franchit le ruisseau de la Cabre et remonte ensuite au hameau de Recoulettes. Prendre le chemin de gauche qui suit la ligne de crête pour descendre au pont de Gournier (1 067 m).

Du pont de Gournier à Brion

9,8 km | 2 h 30

Au pont de Gournier >

37 L'itinéraire franchit le pont qui enjambe le Bès, prend le chemin des Escudières à droite. Au village, emprunter le chemin qui continue vers le nord à travers les prairies et atteindre La Brugère. Emprunter ensuite une voie d'exploitation qui traverse le ruisseau de Las Chantagues.

AUX ENVIRONS DE LA BRUGÈRE / PHOTO A.O.

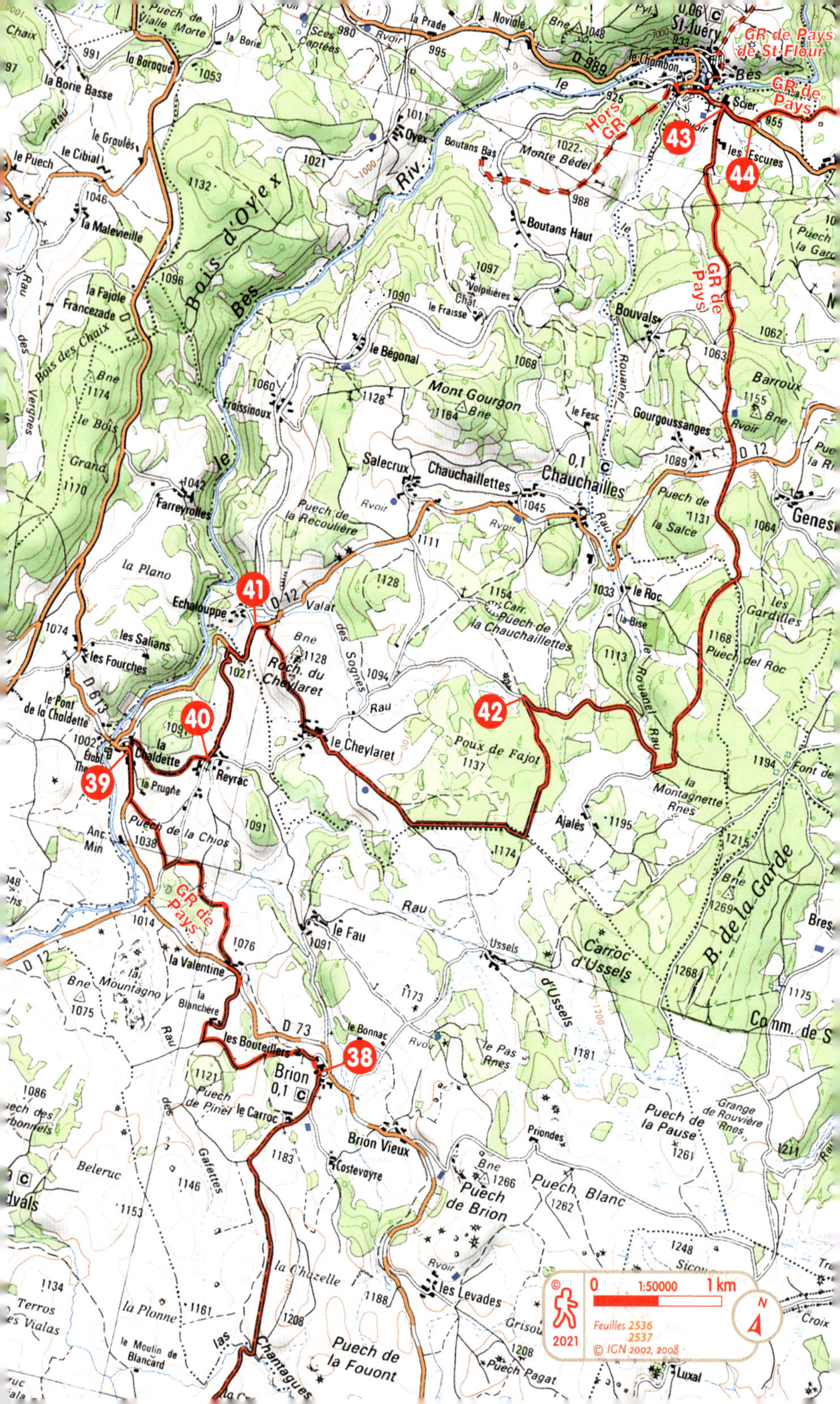

Puech de Vialle Morte
la Borie
Sces Captées
Rvoir
la Prade
Noviale
Bne 1048
St-Juéry
GR de Pays de St-Flour
D 989
le Chambon
Bès
Scier.
GR de Pays
Hors GR
43
44
les Escures
955
la Boraque
1053
991
la Borie Basse
le Graulès
le Cibial
le Puech
1046
la Malevieille
Oyex
1021
Boutans Bas
Monte Bédel
1022
988
Boutans Haut
Bois d'Oyex
Riv.
1132
Bès
1096
la Fajole
Francezade
D 13
Bois des Chaix
1097
Volpilières
Chât.
1090
le Fraisse
GR de Pays
Bouvals
1062
1063
le Bégonal
1068
Bne 1174
le Bois Grand
1170
Vergnes
Mont Gourgon
Bne 1164
Barroux
Bne 1155
Rvoir
le Fesc
Gourgoussanges
1060
1128
Fraissinoux
Rouanel
le
1089
D 12
Salecrux
Chauchaillettes
0,1
Chauchailles
Rvoir
1045
1042
Farreyrolles
Puech de la Recoulière
Puech de 1131 la Salce
1064
Genes
Rvoir
1111
la Plano
41
D 12
Valat
1128
1154
Carr.
Puech de la Chauchaillettes
1033
le Roc
la Bise
les Gardilles
Echaloupe
1074
les Salians
les Fourches
D 613
Bne 1128
Roch. du Cheylaret
des Sognes
1094
1113
1168
Puech del Roc
le Rouanel
1021
le Pont de la Chaldette
40
la Chaldette
1002
Rau
42
Poux de Fajot
1137
le Cheylaret
1194
la Montagnette
Rnes
Font de
39
Reyrac
la Prughe
Puech de la Chios
1038
Anc. Min
1091
Ajalès
1195
1174
1215
Bne 1269
B. de la Garde
GR de Pays
1014
Rau
le Fau
1091
Ussels
Carroc d'Ussels
1268
1076
la Valentine
D 12
Bne 1075
Mountagno
la Blanchère
1173
d'Ussels
1175
Comm. de S
les Bouteillers
D 73
le Bonnac
38
Rvoir
le Pas Rnes
1181
Brion 0,1
1121
Puech de Pinel
le Carroc
1086
Beleruc
Gafettes
1183
Brion Vieux
Costevoyre
Priondes
Puech de la Pause 1261
Grange de Rouvière Rnes
1211
Bne 1266
Puech de Brion
Puech Blanc
1262
1146
1153
1248
Sicou
1134
Terros
es Vialas
la Plonne
1161
la Chazelle
1188
1208
Rvoir
les Levades
Grisou
le Moulin de Blancard
las
Chantagues
Puech de la Fount
1208
Puech Pagat
Luxal
Croix
0
1:50000
1 km
N
2021
Feuilles 2536
2537
© IGN 2002, 2008

La piste conduit à Brion (1 140 m).

De Brion à La Chaldette

4,2 km | 1 h 05

38 Continuer le chemin des Bouteillers et de la Blanchère, traverser la D 73, atteindre le hameau de la Valentine. Le chemin enjambe le ruisseau d'Ussels, coupe la route de Reyrac et rejoint la D 12. Emprunter celle-ci (à droite) jusqu'à La Chaldette (1 002 m).

De La Chaldette à la D 989

13,6 km | 3 h30

À La Chaldette >

39 Prendre entre les restaurants le chemin qui monte au-dessus du village pour atteindre Reyrac.

40 Au four banal, prendre le chemin à gauche, rejoindre la D 12 et la suivre.

41 S'engager à droite (sud-est) sur un chemin montant au rocher du Cheylaret [> ancien volcan : point de vue avec table d'orientation]. Continuer jusqu'au hameau du Cheylaret. Là, emprunter à droite (en passant devant le bâtiment agricole) le chemin non goudronné d'Ussels, passer devant le réservoir, prendre à gauche le chemin qui entre dans le bois.

42 Prendre à droite la route vieille, emprunter le chemin traversant une forêt de pins et de fayards. En arrivant près des ruines de la Montagnette, l'itinéraire s'oriente plein nord sur un chemin toujours en forêt. Traverser la D 12 et, en direction du nord-ouest, gagner la D 989 (950 m).

> Jonction, avec le GR® de *Pays de Saint-Flour*, dont l'itinéraire est commun avec le *Tour des Monts d'Aubrac* jusqu'à Courbepeyre.

De la D 989 à Courbepeyre

2,8 km | 55 min

Hors GR® > pour Saint-Juéry 300 m | 5 min

Hors GR® > pour Boutans-Bas 2 km | 30 min

Voir tracé en tirets sur la carte.

43 Emprunter à droite la D 989 sur 200 m environ.

PRÈS DE BRION / PHOTO A.O.

FAUNE ET FLORE

LE THÉ D'AUBRAC

Le thé d'Aubrac (*Calamintha grandiflora*) n'est pas de la famille du thé d'Orient (*Camelia sinensis*) mais s'apparente à la menthe. Il pousse naturellement dans les clairières de nos hêtraies et est utilisé traditionnellement sur l'Aubrac pour ses propriétés. Il serait bon contre les insomnies et aurait des qualités diurétiques, toniques, digestives et antispasmodiques. Pour permettre la valorisation et la préservation de cette ressource identitaire du plateau, la communauté de commune des Hautes Terres de l'Aubrac a engagé une étude autour du thé d'Aubrac qui a été retenue dans le cadre des Pôles d'Excellence Rurale. Une association de valorisation des ressources naturelles de l'Aubrac, créée en 2011, fédère les producteurs et développe des produits à base de cette plante sous le nom « La grange au thé ».

THÉ D'AUBRAC / PHOTO ADECA

FAUNE ET FLORE

LA FLORE DE L'AUBRAC

Dès la fonte des neiges, immédiatement suivie de l'apparition des premières renoncules et des anémones pulsatiles jusqu'aux bruyères et aux colchiques de l'automne, l'Aubrac est couvert de fleurs avec naturellement une orgie de couleurs de mai à juillet, époque des genêts, puis des digitales et des grands épilobes, des gentianes sauvages, des cytises et d'une quantité de graminées. La géologie du plateau et le régime des pluies sont tels qu'un maximum de plantes peut s'y développer. On estime qu'il est rare de trouver dans une même région plus de 1 000 à 1 200 espèces différentes. Or, sur l'Aubrac, on en dénombre 1 800. Cela s'explique du fait que le plateau, primaire et granitique, se trouve fertilisé par un apport volcanique et par les alluvions déposées par des centaines de petits ruisseaux. Par ailleurs, la pluie est plus abondante à l'ouest qu'à l'est, et les températures varient également d'un point à un autre dans des proportions assez sensibles.

Ces fleurs participent pour beaucoup dans le parfum du fromage, mais d'autres ont un rôle médicinal important puisqu'on trouve le pied de chat, l'arnica, la menthe sauvage, la droséra, et même le houx, dont les vertus un peu magiques font qu'on l'utilise encore pour préserver les étables de certaines épidémies.

Anémones pulsatilles / photo ADECA

FAUNE ET FLORE

La gentiane

La gentiane est secrète et fière. Elle peut fleurir deux ans de suite, s'arrêter, puis recommencer. Elle porte la tête haute, elle n'aime pas se cacher, peut-être pour mieux voir courir les lièvres. L'hiver, sa tige dorée perce la couche de neige. Ils ont bien raison ceux qui l'appellent reine d'or de la neige. Elle ne craint que le fer du soc de l'araire. Elle n'aime pas qu'on vienne la gratter au pied. Elle est sauvage comme ses montagnes. C'est, bien entendu, la racine qui fait toute la valeur de la gentiane. Elle prend la couleur de la terre qui l'a nourrie : rouge ou jaune dans la terre glaise, noire dans la terre de bruyère. Parfois, elle est grosse comme le poignet et longue comme le bras.

De temps en temps, pour se reposer, l'homme abandonnait la pioche, sortait son couteau de Laguiole, effeuillait les racines et fendait les grosses en long. Autrefois, et contrairement à aujourd'hui, la gentiane se vendait sèche. Pour ce faire, on la répandait sur les rochers et la motte, puis on l'ensachait.

Gentiane / photo ADECA

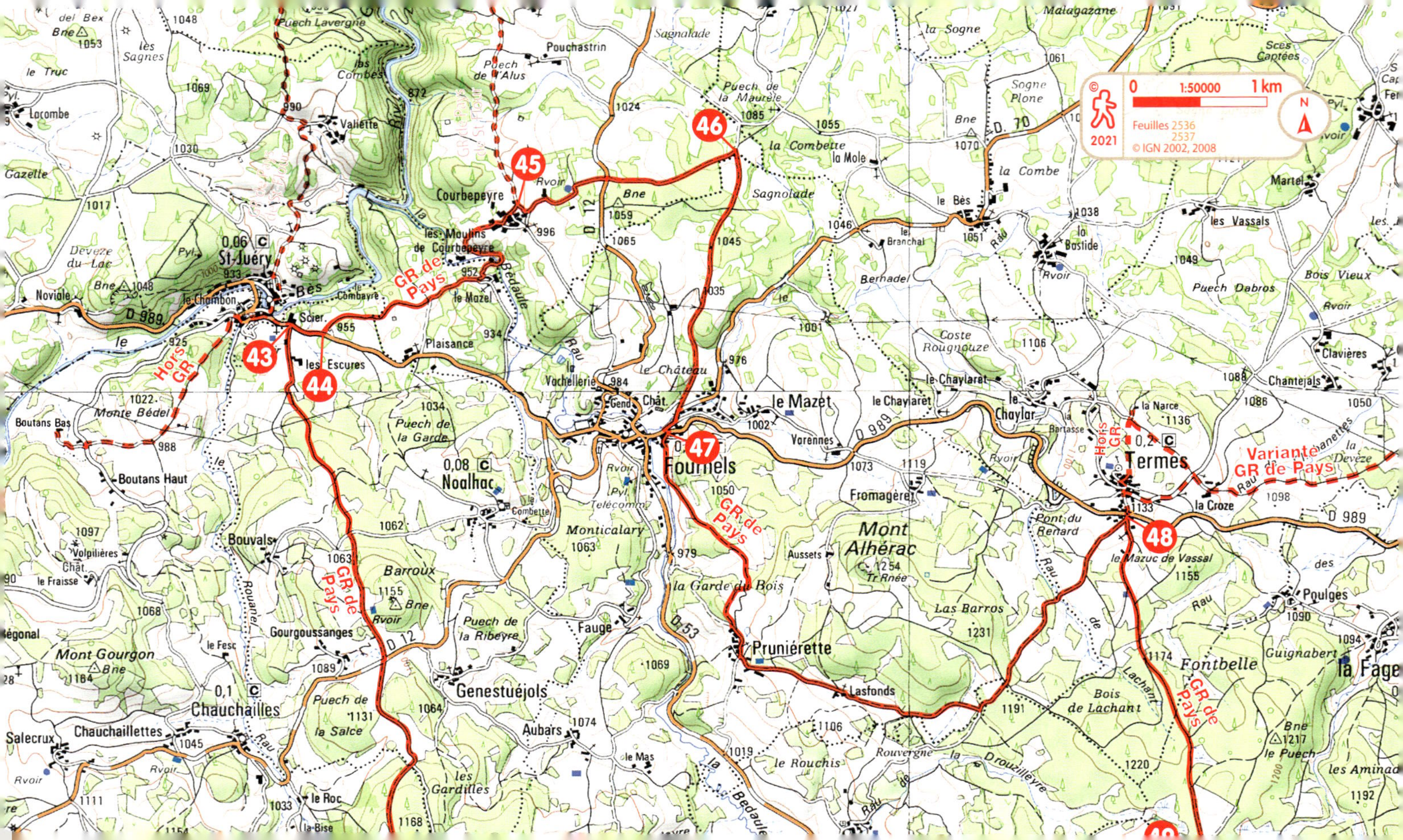

0 1:50000 1 km
Feuilles 2536 2537
© IGN 2002, 2008
© 2021
N
St-Juéry
Bès
Fournels
Termes
Noalhac
Courbepeyre
les Moulins de Courbepeyre
le Mazet
Pruniérette
Genestuéjols
Chauchailles
Chauchaillettes
Mont Alhérac
la Fage
Fontbelle
GR de Pays
Hors GR
Variante GR de Pays
43
44
45
46
47
48
D 989
D 12
D 53
D 70

44 Prendre le chemin à gauche (nord-est) allant au hameau du Mazel, descendre le chemin goudronné qui passe au moulin de Courbepeyre et ensuite au hameau de Courbepeyre (996 m).

De Courbepeyre à Fournels

4,3 km | 1 h 05

> Séparation du GR® du *Pays de Saint-Flour*, qui file vers le nord.

45 Le GR® de Pays *Tour des Monts d'Aubrac* suit vers le nord-est une voie communale. Couper la D 12.

46 À un carrefour de chemins, au sud du Puech de la Maurelle, tourner à droite, plein sud, sur un chemin aboutissant au château, puis sur la D 70 à l'entrée de Fournels (960 m).

De Fournels à Termes

6,2 km | 1 h 45

À Fournels >

> Le château de Fournels, ancienne maison forte de la baronnie d'Apcher, transformé au XVIe siècle par Jean d'Apcher, seigneur d'Hauteville, appartient toujours aux descendants de celui-ci. Il a été agrandi et remanié au XVIIe et XVIIIe siècles.

Les barons d'Apcher, puissants seigneurs du Moyen Âge, étendaient depuis le milieu du XIe siècle leur pouvoir sur toute la région qui entoure aujourd'hui Saint-Chély-d'Apcher. Ils possédaient une chaîne de châteaux-forts et maisons fortes, dont faisait partie le château de Fournels, commandant trois vallées et dont la tour d'Apcher près de Saint-Chély, les ruines du château de la Garde près d'Albaret-Sainte-Marie, les ruines d'Arzenc-d'Apcher et de Montaleyrac près de Fournels, constituent des vestiges.

47 Quitter le village par le chemin du moulin menant à Pruniérette, continuer par le chemin de Lasfonds qui contourne par le sud le mont Alhérac pour rejoindre Termes (1 140 m).

> Pour la variante vers Saint-Chély-d'Apcher, voir p. 53.

VUE SUR FOURNELS / PHOTO D.B.

GASTRONOMIE

L'ALIGOT

ALIGOT / PHOTO J.T./ADT12

Pendant les quatre mois et demi qu'ils passaient sur la montagne, les buronniers vivaient autrefois pratiquement en économie fermée. Ils avaient apporté avec eux des pommes de terre de l'année précédente, des choux, du lard et de la ventrèche. Ils devaient survivre avec cela, ainsi qu'avec une partie de leur production (lait, caillé, tome fraîche de l'Aubrac).

C'est ainsi qu'est né l'aligot, le plat national de l'Aubrac, qu'on sert les jours sans viande, dans les repas de fête, et qui doit figurer dans le menu de tous les banquets réunissant les natifs de l'Aubrac. C'est une purée de pommes de terre très sèche dans laquelle on ajoute, alors qu'elle est sur le feu, du beurre, de la crème et de la tome fraîche de l'Aubrac dans la proportion de un tiers pour deux tiers de purée. On sale, on ajoute selon ses goûts un peu de poivre, de lard fondu ou d'ail, et on brasse le tout dans une marmite en fonte, à feu très vif, jusqu'à obtenir une pâte parfaitement liée qui file de telle sorte qu'on puisse élever la cuillère à plus d'un mètre au-dessus de la marmite sans que le rideau de purée se déchire. Ainsi, quand on servira, celui qui n'est pas entraîné risquera d'emporter tout le contenu du plat, à la grande joie des autres convives.

Ce plat royal était, dès 1875, recommandé par M. l'abbé Remise, un prêtre poète natif de l'Aubrac, à tous ceux qui se sentaient prématurément usés :

« ... par de nobles travaux.
Un remède commun dissipe tous les maux.
Aligot, ta vertu sur tout homme est immense
Et plus d'un, on le sait, te doit sa corpulence. »

GASTRONOMIE

CHARCUTERIE, TRUFFADE, FOUACE...

Le menu d'un repas de fête se doit de comprendre :

- une assiette de charcuterie (cochonnailles),
- truffade,
- aligot,
- pavé d'Aubrac, haricots verts,
- salade,
- fromages (fourme, bleu d'Auvergne, fromage fermier),
- tarte aux pruneaux ou aux myrtilles.

On peut également ajouter grenouilles, truites, éventuellement escargots.

Il est naturellement impossible de passer sur l'Aubrac sans s'offrir au moins un aligot. Il est également recommandé de goûter les « tripous », les « manouls », les « pêtites » de Laguiole. La charcuterie est obligatoirement garantie pur porc. D'ailleurs, l'absence totale d'ânes sur l'Aubrac en est une assurance. Les pâtisseries sont dangereuses pour qui surveille sa ligne, car elles sont faites pour ceux qui se dépensent. C'est le cas des tartes, des fouaces ou des rissoles fourrées aux pruneaux, ou d'un dessert comme la « coupétade », composée de pain trempé dans du lait, d'œufs frais, de pruneaux et de sucre vanillé.

La fouace, cette couronne qu'on voit chez tous les boulangers, a son histoire. Il s'agit en effet non pas d'une simple brioche, mais d'un gâteau extrêmement nourrissant à base d'œufs, de beurre et de farine, qui se conserve bien et ne sèche pas trop vite. On pense qu'elle a été inventée pour servir de viatique aux pèlerins se rendant à Saint-Jacques-de-Compostelle et que le trou central permettait de la pendre au « bourdon ».

Sur l'Aubrac, la fouace est le gâteau traditionnel qui se mange lors d'un repas, en famille ou lors d'une manifestation. Par exemple, lors de la célébration d'un mariage, un vin d'honneur est souvent servi à l'issue de la cérémonie. La famille offre alors à ses invités la fouace accompagnée le plus souvent d'un vin blanc.

C'est un dessert bien rustique pour toutes les faims. Celle du matin, celle du goûter, celle des jours festifs et celle des grands froids d'hiver.

PLATEAU DE CHARCUTERIES DE L'AVEYRON
PHOTO M.H./ADT12

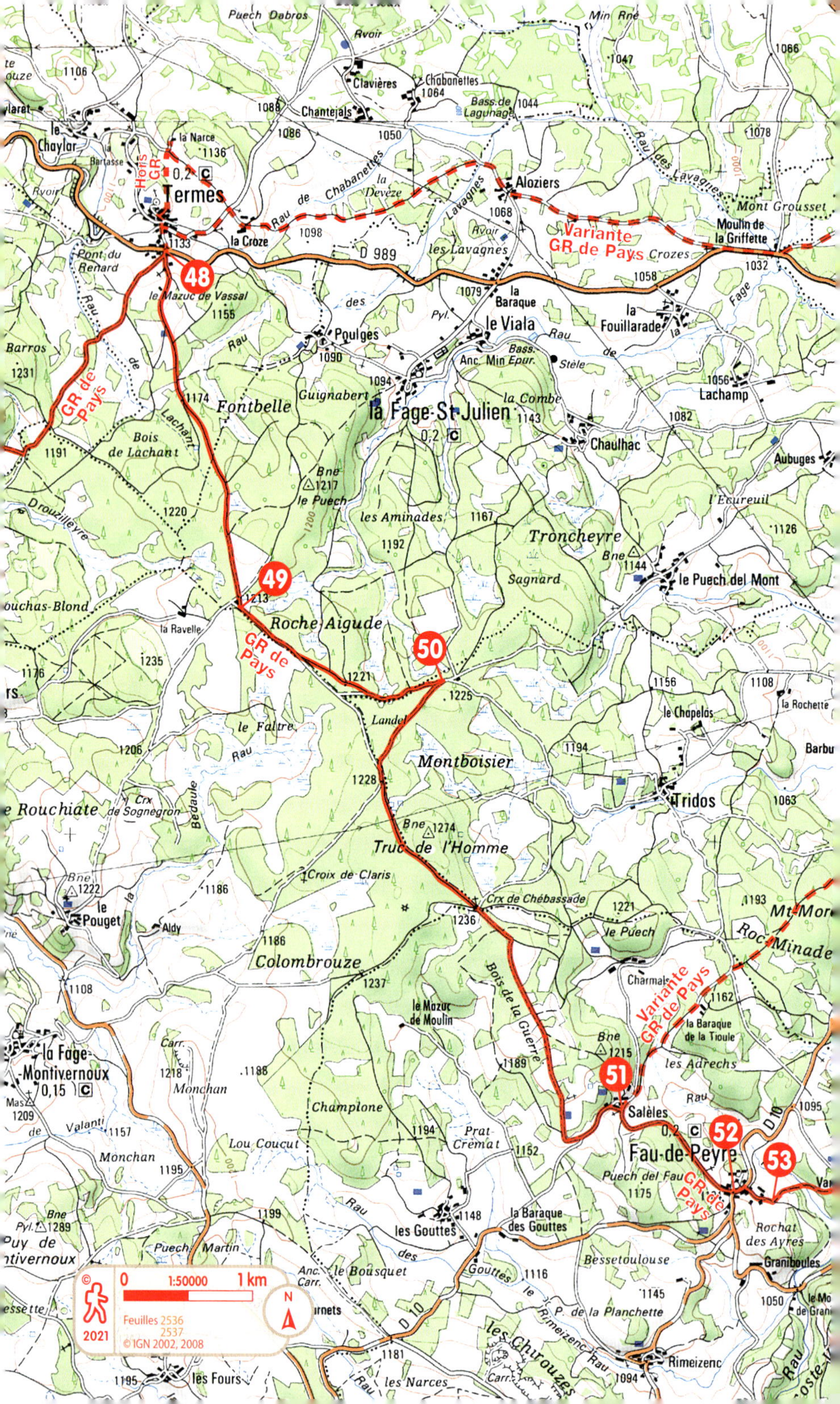
Puech Dabros
Rvoir
Min Rné
1047
1066
1106
Clavières
Chabonettes
1064
Bass.de Lagunage
1044
1088
Chantejals
le Chaylar
la Narce
1136
1086
1050
1078
Hors GR
0,2
Termes
Rau de Chabanettes
la Devèze
Lavagnes
Aloziers
Rau des Lavagnes
Mont Grousset
Rvoir
1068
Moulin de la Griffette
la Croze
1098
Rvoir
les Lavagnes
Variante GR de Pays
Crozes
1133
D 989
1032
Pont du Renard
48
le Mazuc de Vassal
1058
1155
1079
la Baraque
la Fouillarade
Poulges
le Viala
Rau
Stèle
Barros
1090
Anc. Min Epur.
1231
1094
la Combe
1056
Lachamp
GR de Pays
1174
Fontbelle
Guignabert
la Fage-St-Julien
1143
1082
0,2
Chaulhac
1191
Bois de Lachant
Bne 1217 le Puech
Aubuges
1220
les Aminades
1167
l'Ecureuil
1126
Troncheyre
1192
Bne 1144
Sagnard
le Puech del Mont
49
1213
ouchas-Blond
la Ravelle
Roche Aigude
GR de Pays
50
1235
1176
1221
1225
1156
1108
la Rochette
le Chapelos
Landel
le Faltre
1206
1194
Barbu
Montboisier
1228
Tridos
1063
Rouchiate
Crx de Sognegron
Bedaule
Bne 1274
Truc de l'Homme
Bne 1222
1186
Croix de Claris
Crx de Chébassade
1193
le Pouget
Aldy
1236
1221
le Puech
Mt Mor
Roc Minade
1186
Colombrouze
Charmals
1108
1237
Variante GR de Pays
1162
le Mazuc de Moulin
Bois de la Guerre
la Baraque de la Tioule
la Fage-Montivernoux
Bne 1215
0,15
1218
1188
1189
les Adrechs
51
Monchan
Champlone
Salèles
Rau
1095
Mas 1209
Valanti
1157
1194
Prat Cremat
0,2
52
Fau-de-Peyre
53
Lou Coucut
1152
Monchan
1195
Puech del Fau
1175
GR de Pays
Bne 1289
1199
Rau
Rochat des Ayres
Puy de ntivernoux
Puech Martin
les Gouttes
1148
la Baraque des Gouttes
Graniboules
Bessetoulouse
le Bousquet
Anc. Carr.
Gouttes
1116
1145
1050
le Mo de Gran
0
1:50000
1 km
N
2021
Feuilles 2536
2537
© IGN 2002, 2008
D 10
P. de la Planchette
les Chirouzes
Rimeizenc
Rau
1181
1195
les Fours
les Narces
Carr.
1094
Rimeizenc

De Termes au Fau-de-Peyre

10,8 km | 3 h

À Termes >

Hors GR® > pour la Narce 500 m | 10 min

Traverser la D 989, monter dans le village, puis le quitter par un sentier passant en contrebas de l'église. Poursuivre plein nord jusqu'à la Narce.

> Point de vue derrière l'église (à 500 m du GR®).

48 De Termes, le GR® de Pays part à droite plein sud, prend le chemin passant au Mazuc de Vassal. À travers bois, il arrive à un carrefour de chemins (1 213 m) au lieu-dit Roche Aigude.

49 Prendre la direction sud-est, puis plein est pour atteindre un deuxième carrefour (1 255 m).

50 Obliquer à droite en direction du sud-ouest, puis du sud et passer sous une ligne à haute tension puis à gauche des éoliennes. À la croix de Chébassade, couper un chemin et continuer vers le sud-est à travers le bois de la Guerre jusqu'au hameau de Salèles.

> Jonction avec la variante venant de Saint-Chély-d'Apcher.

51 Emprunter la voie communale vers le sud-est jusqu'au Fau-de-Peyre (1 104 m).

HISTOIRE

La charte d'affranchissement de la terre de Peyre

Le 25 septembre 1261, dans l'église de Saint-Sauveur-de-Peyre, en présence des curés des paroisses environnantes, des chevaliers, de trois notaires royaux et de ses trois fils, le haut et puissant baron Astorg de Peyre octroie aux habitants de sa terre leur affranchissement moyennant une grosse somme d'argent. La charte est rédigée en latin, en langue d'oc aussi sans doute... Une copie en latin existe aux archives de Mende. Astorg jure sur les saints Évangiles de l'observer et ses successeurs devront prêter le même serment, moyennant quoi les habitants de la terre de Peyre prêteront serment à leur seigneur et lui jureront fidélité. La charte devient le code des droits et des devoirs des habitants. Elle ne sera pas abolie avant 1789. Les droits du seigneur sont généralement, hormis le droit de justice, des contributions annuelles en nature, dont les noms aujourd'hui oubliés nous étonnent : droit de « moutonnage », droit d'agnelage, droit de fromage, droit de fouage, droit de moulin, droit de « fournage ». Au nombre des droits acquis par les serfs, le « nouvel accensement » est une reconnaissance sur leur droit de propriété et sur leur manse, sous réserve de payer un cens annuel. Le « déguerpissement » leur permet de vendre leur terre et de quitter le pays avec femmes, enfants, domestiques et cheptel. Enfin, la charte prévoit cinq cas de taille à payer au seigneur : quand il entre dans la chevalerie, quand il marie ses filles ou ses sœurs, quand il part en croisade, quand il est fait prisonnier pour défendre ses sujets. La charte de 1261 fut parmi les premières octroyées dans le royaume. Dans certaines campagnes, le servage ne fut totalement aboli qu'en 1789. Aussi, les habitants de ces hautes terres du Gévaudan ont conservé un esprit de liberté et d'individualisme bien enraciné.

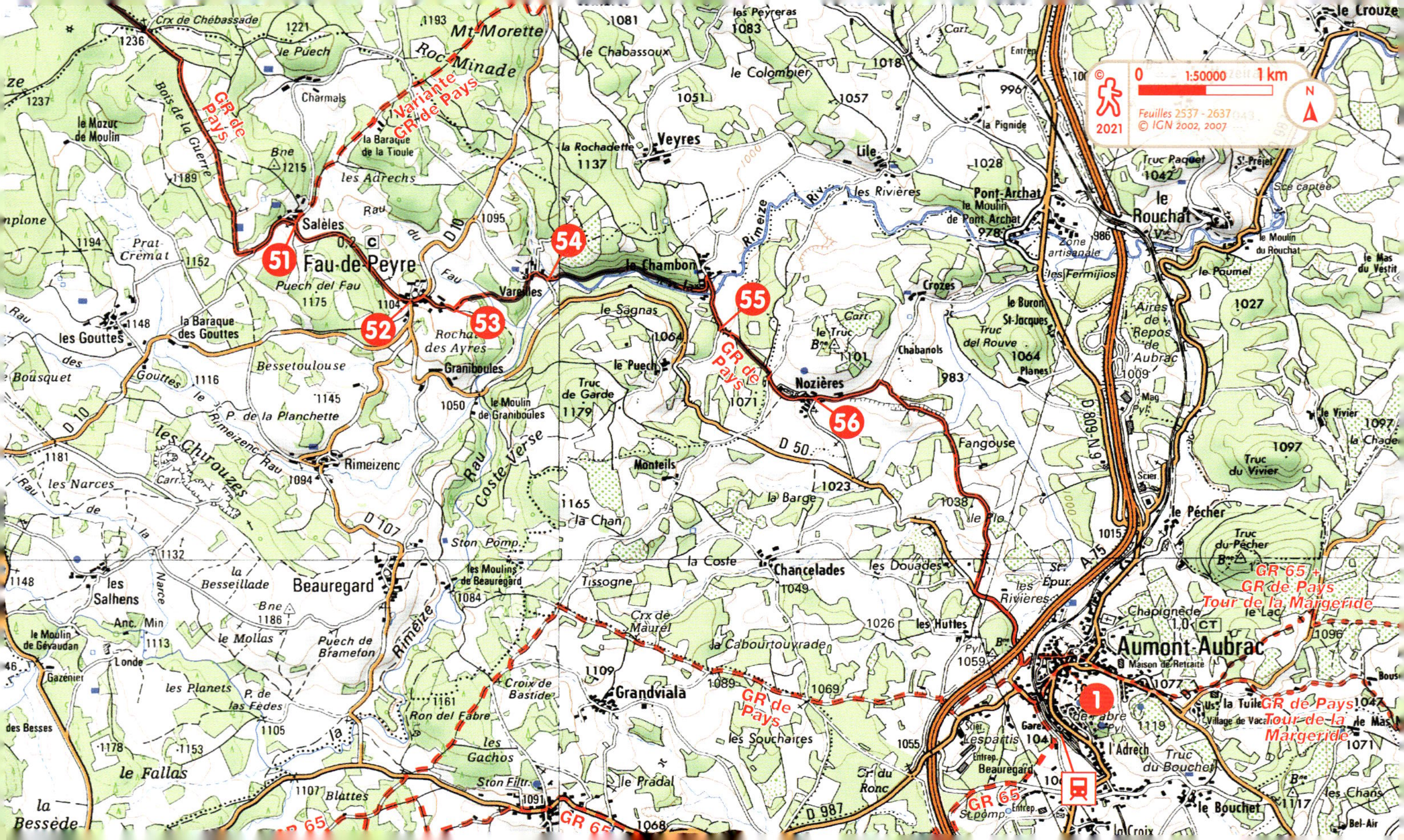

0 1:50000 1 km
N
2021
Feuilles 2537 - 2637
© IGN 2002, 2007
GR de Pays
Variante GR de Pays
GR 65 + GR de Pays Tour de la Margeride
GR de Pays Tour de la Margeride
GR 65
51
52
53
54
55
56
1
Aumont-Aubrac
Fau-de-Peyre
Salèles
Charmals
Mt Morette
Roc Minade
Veyres
le Chambon
Vareilles
Graniboules
Nozières
Chancelades
Beauregard
Rimeizenc
les Gouttes
Grandviala
le Rouchat
Pont-Archat
Lile
les Rivières
Crozes
Fangouse
le Pécher
la Chan
la Barge
Monteils
le Puech
le Sagnas
Tissogne
la Coste
les Huttes
les Douades
les Chirouzes
les Salhens
le Fallas
D 10
D 107
D 50
D 987
D 809 - N 9
A 75

Du Fau-de-Peyre à Nozières

4,2 km | 1 h 05

Au Fau-de-Peyre >

> On est ici à la limite septentrionale de la terre de Peyre ; cette contrée entre Margeride et Aubrac regroupe six communes qui ont fusionné en 2017 pour former la nouvelle commune de Peyre-en-Aubrac : Javols, Saint-Sauveur-de-Peyre, La Chaze-de-Peyre, Sainte-Colombe-de-Peyre, Le Fau-de-Peyre et Aumont-Aubrac. C'est le pays du pin sylvestre et du granit. Du Fau-de-Peyre à Saint-Léger-de-Peyre qui marque la limite sud de la baronnie, il y a 25 km et au moins autant des rives de la Truyère, frontière orientale, aux bords du Bès sur l'Aubrac, à l'ouest. Au centre de la contrée, se dresse un piton basaltique, le roc de Peyre, près du village de Saint-Sauveur. C'est là que se trouvait le château féodal, entouré d'une véritable petite ville administrative. Une dizaine de petits châteaux aidaient à surveiller la région. Il en existait un au Fau qui a entièrement disparu, comme le château et la ville de Peyre d'ailleurs.
L'église du Fau-du-Peyre, au centre du village, construction du XVIIIe siècle avec un beau clocher à « peigne », est entièrement en pierre du pays.

52 De l'église de Fau-de-Peyre, emprunter la D 10 en direction de Saint-Chély-d'Apcher, puis, au niveau des dernières maisons, obliquer à droite.

53 À 200 m environ, prendre l'étroit chemin qui franchit le ruisseau du Fau, puis mène à Vareilles. Descendre vers la Rimeize.

54 Avant le pont, s'engager à gauche sur un sentier longeant la rive gauche de la rivière. Au hameau de Chambon, emprunter vers le sud une route franchissant la Rimeize.

55 S'engager à gauche (sud-est) sur un chemin montant au hameau de Nozières (1 033 m).

De Nozières à Aumont-Aubrac

4 km | 1 h

À Nozières >

56 Suivre à gauche la route des Crozes, prendre la piste à droite et se diriger vers Aumont-Aubrac (1 050 m) I.

> Jonction avec le GR® 65.

À Aumont-Aubrac >

AUMONT-AUBRAC / PHOTO C.M.

0 1:50000 1 km
Feuilles 2536 - 2636
2537 - 2637
© IGN 2002, 2007, 2008
2021
N
Termes
48
Variante GR-de Pays
GR de Pays
A
B
C
ST-CHÉLY-D'APCHER
la Fage-St-Julien
Aloziers
Moulin de la Griffette
Recoules
Sarroul
la Roueyre
Bonnefont
Chambareilles
Tatula
Plaisance
Malagazagne
D 989
le Viala
la Baraque
Poulges
Fontbelle
Roche Aigude
Montboisier
Troncheyre
le Puech del Mont
Chaulhac
Lachamp
la Fouillarade
Aubuges
la Croze
le Mazuc de Vassal
Salonique
les Combelles
Brassac
la Méridienne

Variante par Saint-Chély-d'Apcher | 20 km | 5 h 45

De Termes au Fau-de-Peyre

De Termes à Saint-Chély-d'Apcher

10 km | 3 h

À Termes >

48 La variante du GR® de Pays *Tour des Monts d'Aubrac* quitte le village de Termes par l'est. Suivre la route de La Croze.

Se diriger vers la ferme de La Croze, prendre le chemin dans un vallon pour arriver à Aloziers. Dans ce hameau, au carrefour marqué par une croix, prendre le deuxième chemin à gauche pour arriver à la D 989. L'emprunter en direction du moulin de la Griffette.

A Prendre le chemin près d'une baraque en bois. Au premier carrefour, suivre le chemin de gauche et continuer tout droit pour arriver à une route, la suivre sur 400 m.

Prendre à droite une piste descendant pour arriver à un carrefour.

Tourner à gauche pour arriver dans le quartier de Montmartre de Saint-Chély-d'Apcher (1 000 m).

De Saint-Chély-d'Apcher aux Bessons

4,5 km | 1 h 15

À Saint-Chély-d'Apcher >

> Entre les monts granitiques de la Margeride et le plateau basaltique de l'Aubrac, se situe la Terre d'Apcher et sa capitale Saint-Chély-d'Apcher, 5 000 habitants, l'une des huit baronnies de la province du Gévaudan. C'est aussi un centre économique et commercial très vivant avec ses foires et son marché du jeudi. La vie associative y est très animée.
À l'église primitive du XIIe siècle, située au milieu de l'ancien cimetière, succéda à l'emplacement actuel, une nouvelle chapelle au XVIIe siècle qui, maintes fois remaniée, devint l'actuelle église paroissiale Notre-Dame. Son originalité : l'église est dépourvue de clocher ; celui-ci se trouve sur le donjon du XIIIe siècle, place du Foirail. « Une église sans clocher, un clocher sans église ».
L'histoire de Saint-Chély-d'Apcher a été marquée pendant la Guerre de Cent Ans par de nombreux pillages dus aux mercenaires embauchés par les Anglais. Comme ils rançonnaient les voyageurs, on les avait surnommés « les Routiers ». À l'entrée nord de la ville (ancienne RN 9) une croix rappelle qu'à cet endroit les bandes anglaises furent arrêtées en 1362 par « les Barrabans », surnom des habitants de Saint-Chély-d'Apcher, qui les poursuivaient armés de bâtons au cri de « barre en avant ».

B Quitter Saint-Chély-d'Apcher par la D 989, route de Termes. Prendre le deuxième chemin du moulin de Tatula, franchir le pont sur la Malagazane, le chemin monte dans un bois de pins pour arriver sur un plateau. Longer le stade pour atteindre la D 10 face au hameau de La Roueyere. Pénétrer dans le hameau, arriver sur une place [> à gauche un abreuvoir, à droite un four banal]. Continuer sur la droite, tourner à droite pour prendre un chemin montant vers les réservoirs d'eau.

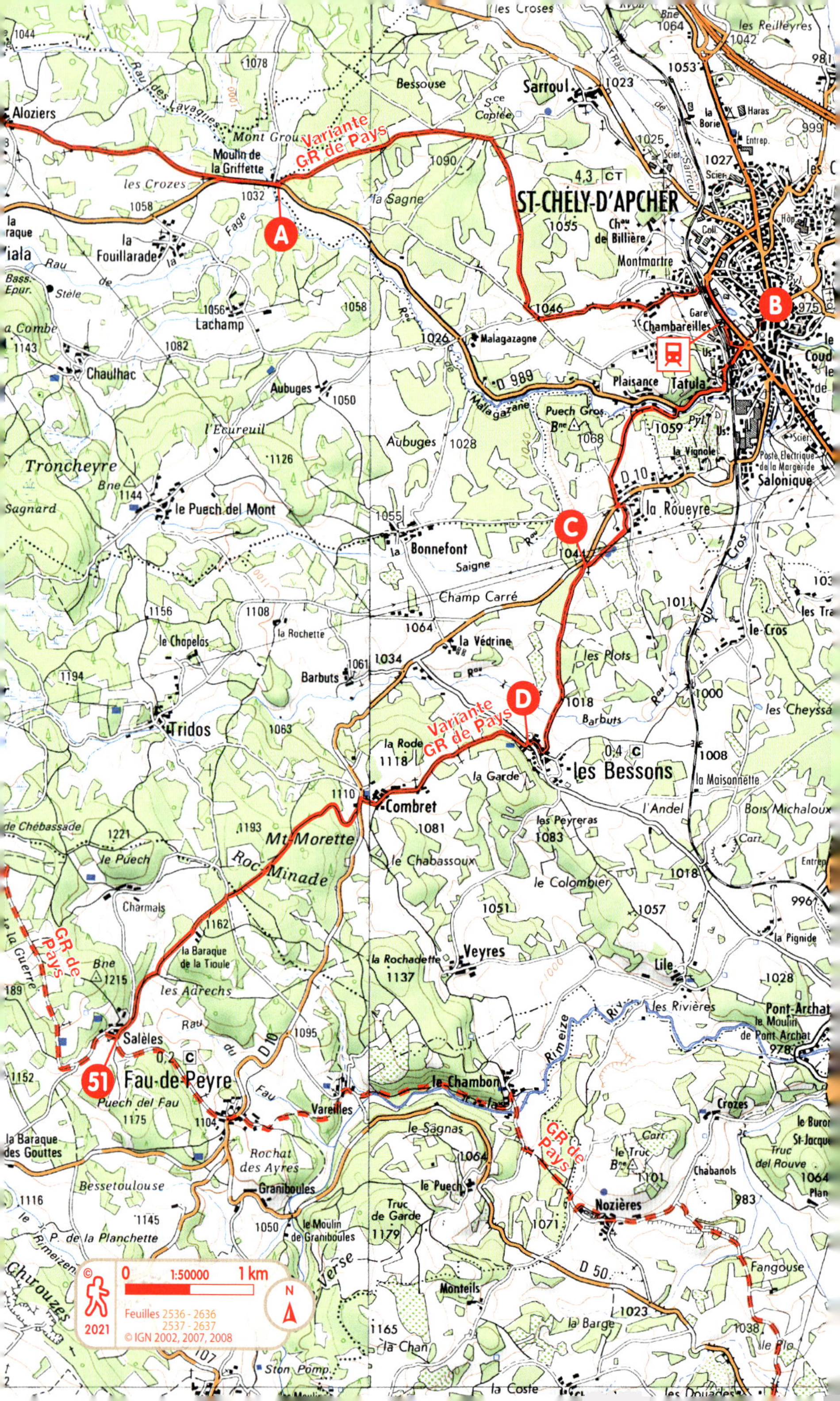
Variante GR de Pays
A
B
C
D
51
ST-CHÉLY-D'APCHER
Aloziers
Moulin de la Griffette
Mont Grou
les Crozes
la Fouillarade
Lachamp
Chaulhac
Aubuges
l'Écureuil
Troncheyre
Sagnard
le Puech del Mont
Bessoule
Sarroul
Chau de Billière
Montmartre
Chambareilles
Malagazagne
Plaisance
Tatula
Puech Gros
la Vignole
Salonique
la Roueyre
Bonnefont
Saigne
Champ Carré
la Vèdrine
les Plots
le Cros
Barbuts
les Bessons
la Rode
la Garde
Combret
Mt Morette
Roc Minade
le Chapelas
la Rochette
Tridos
le Puech
Charmals
la Baraque de la Tioule
les Adrechs
Salèles
Fau-de-Peyre
Puech del Fau
Vareilles
le Chambon
Rochat des Ayres
Graniboules
le Moulin de Graniboules
le Sagnas
le Puech
Truc de Garde
les Peyreras
le Chabassoux
le Colombier
Veyres
la Rochadette
Lile
les Rivières
Pont-Archat
le Moulin de Pont Archat
Crozes
le Truc
Chabanols
Nozières
Fangouse
Monteils
la Barge
la Chan
la Coste
les Douades
Bessetoulouse
la Baraque des Gouttes
P. de la Planchette
Chirouzes
GR de Pays
les Reilleyres
la Borie
Haras
l'Andel
Bois Michaloux
les Cheyssa
la Maisonnette
la Pignide
Truc del Rouve
St-Jacques
D 989
D 10
D 50
© 2021
0 1:50000 1 km
N
Feuilles 2536 - 2636
2537 - 2637
© IGN 2002, 2007, 2008

C À un carrefour avant la D 10, après le hameau de La Roueyre, prendre un chemin à gauche. Traverser un plateau pour descendre dans une vallée où coule le ruisseau des Barbuts. Franchir le pont, tourner à droite pour prendre, à la croix, le chemin qui monte à l'église des Bessons (1 053 m).

Des Bessons au Fau-de-Peyre 5,5 km 1 h 30

Aux Bessons >

D De l'église, emprunter un chemin goudronné au-dessus du cimetière pour rejoindre Combret. Suivre à gauche la D 10.

Prendre à droite un chemin entre un champ et un mur de clôture, cheminer dans le bois de pins pour arriver à une route. Aller tout droit vers La Baraque de la Tioule. Le chemin passe dans un parc : refermer la clôture, puis longer cette dernière. Le chemin encaissé descend au ruisseau du Fau. Au hameau de Salèles **51** (où l'on retrouve l'itinéraire principal), suivre la route communale jusqu'au Fau-de-Peyre (1 140 m).

À Fau-de-Peyre >

FAU-DE-PEYRE / PHOTO D.B.

1
2
3
4
5
6
7
GR 65
GR 670
Hors GR
Liaison GR 6 - GR 65
Nasbinals
Montgros
Montgrousset
Aubrac
Col d'Aubrac
Lac des Moines
Lac des Salhiens
Station de Ski de Nasbinals
Station de Ski de St-Urcize
Bois de St-Urcize
Puy de Gudette
Crx des Trois Evêques
la Bessière
Puech Saint-Geniez
Ginestouse
Ginestouse Bas
Ginestouse Haut
Rigambal-Haut Buron
le Royal
Anc. Sanat.
les Moussous
le Buisson Haut
le Buisson-Bas
les Granges
Pascalet
la Vincente
le Batut
Roquecaule
Puechiniès
les Tourettes
Costerougnouse
le Coustat
Grange de Gizard
la Cessat
les Gourgues
le Fraou
Grange du Four
Puech Fouiret
le Baulès
Antioles
Malanviole
la Grange de Douro
le Cher
la Peyrade
Las Pézouillouse
Carouquet Haut
Carouquet Bas (Rnes)
la Grange des Enfants
Casc. du Deroc
Gambaïse Haut
le Déroc
les Salhiens
Buron des Nègres
la Garde
les Frachibes
Fontanilles
Fontanilles-Bas
Fontanilles-Haut
Fontanilles du Milieu
Places-Basses
Places-Hautes
Place-Naltes
Ste-Marthe
Plèches
Cap Combattut
Puech Cremat-Bas
le Pesquier-Haut
Mayé-Nova
le Cervel
le Bouchabès
la Boudette
les Goutals
la Montagnette Buron
D 900
D 987
D 52
0
1:50000
1 km
Feuilles 2537 2538
© IGN 2001, 2002
2021

Le sentier GR® 65
D'Aubrac à Aumont-Aubrac

D'Aubrac à Nasbinals

9 km 2h30

À Aubrac >

1 Suivre le balisage GR® (blanc et rouge), emprunter la draille bordée de murets qui passe sous le village d'Aubrac, en direction du Royal Aubrac [> ancien sanatorium]. Traverser la D 987, passer près d'une statue de la Vierge [> le parcours est ici certainement l'un des plus sauvages du circuit], longer la limite départementale de la Lozère et de l'Aveyron.

> Pour les randonneurs accompagnés d'animaux domestiques ou de bât, les randonneurs à vélo, à cheval et motorisés :
Au carrefour des quatre chemins, situé sous l'église d'Aubrac, **une déviation est obligatoire (arrêté municipal des communes de Nasbinals et Saint-Chély-d'Aubrac).** Prendre à droite la draille qui rejoint la route départementale (D 987) en direction de Nasbinals. La traverser et suivre la bande piétonnière sur 2,5 km. Prendre la petite route communale à gauche (avant la station du Fer à cheval), puis la première à droite qui conduit au pont de Pascalet.

Pourquoi ces dispositions sont-elles prises ? Après la traversée de la route (D 987) sous le Royal Aubrac, le GR® 65 traverse plusieurs estives : il s'agit de parcelles privées dont la vocation est d'accueillir les troupeaux de bovins durant cinq mois, en quasi liberté. Seule la pratique de la randonnée pédestre est possible sur cette portion de l'itinéraire, grâce à la bonne volonté des propriétaires qui, en contrepartie, souhaitent que leur troupeau ne soit pas dérangé par des pratiques pouvant provoquer des réactions imprévisibles ou dangereuses du bétail (passage de chiens, de chevaux…). Il appartient donc à chacun de respecter les arrêtés affichés à l'entrée de cette portion du GR® 65 : il en va de la pérennité de cet itinéraire remarquable, mais également des activités agricoles qui y sont pratiquées.

2 Croiser le chemin de Ginestouse.

> À gauche, en 15 min, on peut gagner la croix des Trois-Évêques. > Elle commémore un concile tenu en 590 entre les évêques des trois diocèses qui sont frontaliers. Elle se trouve ainsi à la limite des trois départements de l'Aveyron, de la Lozère et du Cantal. La croix des Trois-Évêques a été volée en 1990 malgré ses 300 kilos. La croix actuelle est une copie.

Le GR® passe ensuite au sud du buron de Ginestouse-Bas, puis au-dessus de la ferme du Pascalet, franchit le pont du Pascalet et suit un chemin empierré jusqu'à Nasbinals (1 180 m).

> Départ du GR® 670 *Chemin Urbain V.*

De Nasbinals à Montgros

3 km 45 min

À Nasbinals >

3 Quitter Nasbinals par la D 900 (route de Marvejols). Après le cimetière, s'engager à gauche sur un chemin qui monte à travers les pâturages pour arriver à Montgros (1 284 m).

De Montgros à la D 900

1,2 km 20 min

À Montgros >

4 Traverser le hameau. Après la bascule, prendre le chemin goudronné qui descend.

5 Quitter ce chemin sur la gauche pour passer au-dessus de la ferme de Carouquet-Haut et déboucher à nouveau sur la D 900.

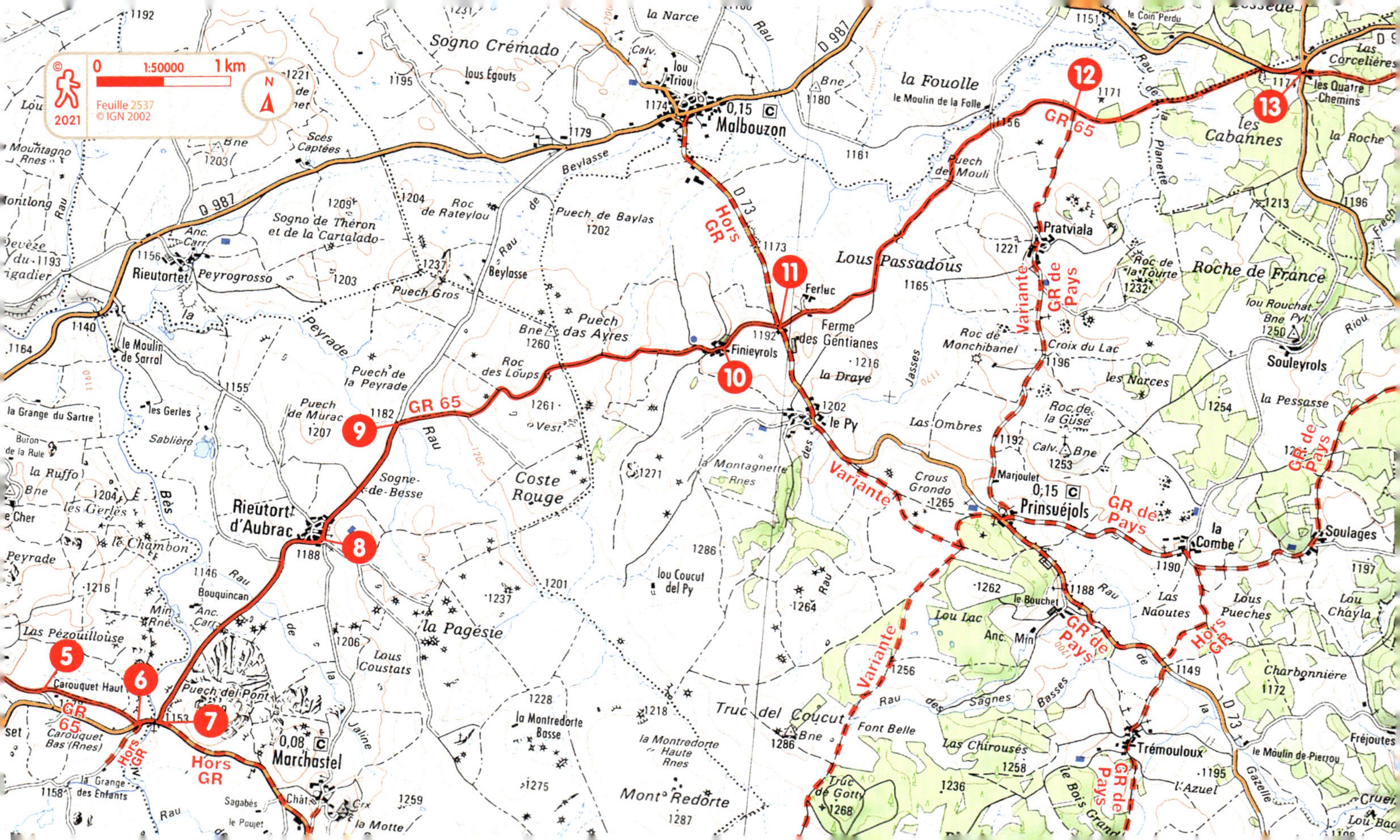

© 2021
0 1:50000 1 km
Feuille 2537
© IGN 2002
N
GR 65
Hors GR
GR de Pays
Variante
1
5
6
7
8
9
10
11
12
13
Malbouzon
Rieutort d'Aubrac
Marchastel
Prinsuéjols
Finieyrols
Ferluc
le Py
Pratviala
Soulages
la Combe
Trémouloux
Souleyrols
Rieutortet
Peyrogrosso
Carouquet Haut
Carouquet Bas (Rnes)
les Quatre Chemins
les Cabannes
Roche de France
Lous Passadous
la Fouolle
Sogno Crémado
Coste Rouge
la Pagésie
Truc del Coucut
Mont Redorte
Ferme des Gentianes
Puech das Ayres
Roc des Loups
Puech de Murac
D 987
D 73

De la D 900 au pont sur le Bès

300 m | 5 min

Hors GR® > pour La Grange des Enfants 500 m | 10 min

Traverser la D 900, emprunter en face la petite route.

6 Emprunter à gauche la D 900 et franchir le pont sur le Bès.

Du pont sur le Bès à Rieutort-d'Aubrac

2 km | 30 min

Hors GR® > pour Marchastel 1,5 km | 20 min

Poursuivre sur la D 900 jusqu'à Marchastel.

7 Le GR® prend à gauche la petite route jusqu'à Rieutort-d'Aubrac (1 188 m).

De Rieutort-d'Aubrac à Finieyrols

4 km | 1 h

8 Quitter le village par l'abreuvoir, en direction nord-est, par le chemin goudronné.

9 Tourner à droite après le ruisseau de la Peyrade. Le chemin monte au roc des Loups pour arriver ensuite au hameau de Finieyrols.

De Finieyrols à la D 73

500 m | 10 min

À Finieyrols >

10 Après Finieyrols, traverser la D 73 (1 192 m).

De la D 73 au lieu-dit Les Quatre Chemins

4,5 km | 1 h 10

À l'intersection >

Hors GR® > pour Malbouzon 2 km | 20 min

Suivre la D 73 à gauche.

Variante > pour Prinsuéjols 2,8 km | 45 min

Suivre la D 73 à droite. La quitter 400 m après le Py pour prendre le deuxième chemin à droite. Il monte dans les pâturages. Le suivre tout droit jusqu'à l'intersection avec la piste qui mène à gauche à Prinsuéjols.

11 Le GR® continue tout droit jusqu'à la ferme de Ferluc. Traverser la route de Pratviala à proximité du moulin de la Folle, franchir le ruisseau sur une passerelle, passer près d'un petit bois de pins.

> Jonction avec une variante du GR® de Pays *Tour de l'Aubrac* conduisant, au sud, à Prinsuéjols.

12 Atteindre une intersection. Le GR® franchit le ruisseau de la Planette sur une passerelle. Il continue dans un bois de résineux pour arriver à la D 987. La longer sur 400 m par la droite jusqu'au lieu-dit Les Quatre Chemins.

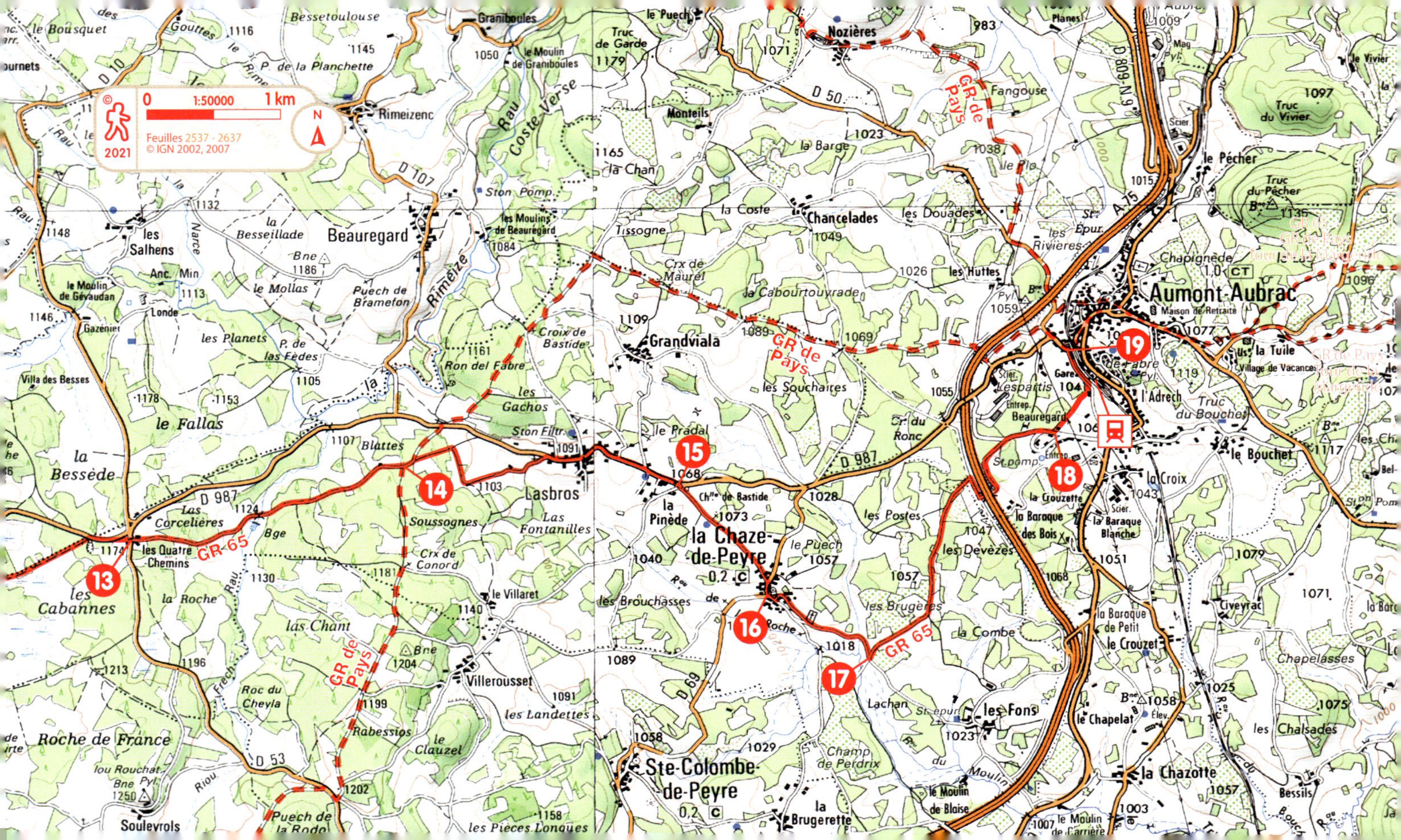
0 1:50000 1 km
© 2021
Feuilles 2537 - 2637
© IGN 2002, 2007
N
Aumont-Aubrac
la Chaze-de-Peyre
Ste-Colombe-de-Peyre
Grandviala
Lasbros
Beauregard
Rimeizenc
Nozières
Chancelades
Villerousset
la Chazotte
les Fons
le Bouchet
la Tuile
les Salhens
les Quatre Chemins
les Cabannes
la Bessède
le Fallas
Roche de France
Soulevrols
GR 65
GR de Pays
D 987
D 50
D 107
D 53
D 69
D 809-N 9
A 75
13
14
15
16
17
18
19

Des Quatre Chemins au lieu-dit Blattes

2 km | 30 min

Aux Quatre Chemins >

13 Passer à gauche du café pour descendre la vieille route. Atteindre une aire de captage des eaux, où le chemin devient goudronné. Franchir le pont sur le riou Frech (affluent de la Rimeize), puis arriver au lieu-dit Blattes (1 113 m).

Des Blattes à La Chaze-de-Peyre

2,5 km | 45 min

> Jonction avec le GR® de Pays *Tour des Monts d'Aubrac*. À droite, il se dirige vers Prinsuéjols : voir p. 19.

14 Continuer par la route sur 100 m environ.

> Laisser à gauche le GR® de Pays vers Aumont-Aubrac.

Le GR® 65 continue tout droit pour descendre et remonter à Lasbros ( ). Emprunter la D 987 vers l'est sur 1 km.

15 À la chapelle de Bastide, suivre à droite la route de La Chaze-de-Peyre (1 050 m).

De La Chaze-de-Peyre à Aumont-Aubrac

4,5 km | 1 h 15

16 Quitter le village par la route du cimetière.

17 Après un ruisseau, s'engager à gauche dans un chemin entre bois et pacages. Passer au lieu-dit Les Brugères. Emprunter ensuite une route à droite.

18 Au lieu-dit Beauregard, prendre le chemin descendant à gauche pour arriver à une route. Tourner à gauche et la suivre jusqu'à Aumont-Aubrac (1 050 m) 19.

À Aumont-Aubrac >

> Jonction avec le GR® de Pays *Tour des Monts d'Aubrac.*

> À l'époque gallo-romaine, la ville principale de la région, la capitale du pays des Gabales, était *Anderitum*, l'actuelle bourgade de Javols. La via Agrippa qui reliait Lyon à Toulouse, en passant par Anderitum, coupait la voie narbonnaise, à peu de chose près notre actuelle N 9, un peu plus haut, sur un... haut mont. Au IIIe siècle, les Barbares ayant détruit Anderitum, c'est Aumont qui va s'imposer comme centre de ce qui deviendra au Moyen Âge la terre de Peyre.
La ville s'étire le long de la N 9, mais il ne faut pas se contenter de la vision qu'offre cette artère, car elle n'a aucun intérêt. Il faut descendre à pied par une des rues qui partent derrière la mairie pour découvrir Aumont. Ici ou là, on rencontrera une maison médiévale, une belle fenêtre ou de petites niches abritant une statue. Le chœur de l'église, roman, témoigne de l'existence d'un prieuré qui possédait un cloître dont on devine d'ailleurs des vestiges. Dans la rue de l'église, on remarquera une pierre mystérieuse, un motif de « grecques » finement gravé, décoration très mérovingienne dans laquelle certains voient le monogramme du Christ : I.H.S.
Aumont est dominé par le Truc de Fabre sur lequel a été édifié une imposante statue du Christ Roi, et d'où la vue est très belle.

Trélans
0,15 C
Noubloux
le Besset
la Castagnède
Puzenes
Champcros
le Cheyroux
Beauregard Hte
les Pierres Blanches
la Viollе-Basse
St-Germain-du-Teil
0,8 CT
GR 60
GR 6
Montjézieu
la Barthe
Puech de Falguières
Puech Grond
lou Valat
la Devèze
la Carrière des Tuiles
Puech de Bosse
St-Pierre-de-Nogaret
0,2 C
Peyre Long
Coudenasse
les Calmettes
Nogardel
le Pouget
Mascoussel
Montagudet
Auribal
la Faisse
Montagut
le Ferréol
Lescure
Lausselinco
la Vaysseire
Lalos
Canet d'Olt
Marijolet
Lacombe
St-Laurent-d'Olt
0,7 C
Estables
Vercuejols
Saint Martin
Mas de Fraisse
les Clergues
Malvezy
Bonneterre
Miège-Rivière
le Viala
Pratnau
le Ségala
Hors GR
GR 6
GR 60
Banassac
0,8 C
le Mothe
Montferrand
le Rouquet
Corréjac
le Paven
Auxillac
les Côtes du Paven
la Canourgue
Lot
Côte de Galline
Plo de la Can
Vergnèdes
1
2
3
4
5
6
7
0 1:60000 1,2 km
(feuilles 1:50000 réduite)
Feuilles 2538
2539
© IGN 2001, 2007
© 2021
N

Le sentier GR® 6
De La Canourgue à la croix de la Rode

> Le GR® 6 vient de la vallée de l'Ubaye dans les Alpes-de-Haute-Provence.

De La Canourgue à La Mothe-de-Banassac — 2 km — 30 min

À La Canourgue >

> La Canourgue, au bord du Lot, est baignée par les eaux de l'Urugne. Au VIIe siècle, un monastère existait et tombait aux mains des laïcs. En 1060, l'évêque de Mende, Aldebert Ier de Peyre, vicomte de Gévaudan, fit don du monastère aux bénédictins de Saint-Victor de Marseille dont le plus célèbre abbé sera gévaudanais et deviendra le pape Urbain V.
L'église (romane) paroissiale Saint-Martin est celle-là même que les bénédictins avaient construite au début du XIe siècle. C'est une des plus belles églises du Gévaudan.

1 Du pont, gagner, par la D 998, la D 809 qui va traverser le Lot et la voie ferrée pour arriver à La Mothe-de-Banassac (524 m).

De La Mothe-de-Banassac à une intersection — 300 m — 10 min

À La Mothe-de-Banassac >

2 Tout près du pont sur le Lot, s'engager sur la D 988 et la longer sur 250 m jusqu'à une intersection.

De l'intersection à Nogardel — 8 km — 2h45

Hors GR® > pour les Sallèles 600 m 10 min

Hors GR® > pour Pratnau 1,2 km 20 min

Poursuivre tout droit (ouest) sur la route, puis la quitter à droite pour les Sallèles ou Pratnau.

3 Après le pont sous l'autoroute, monter à droite un chemin puis suivre à gauche une petite route pour atteindre le Ségala. À l'abri-bus, emprunter à droite la route montant jusqu'au réservoir pour atteindre un chemin. Au carrefour suivant, prendre à droite celui qui monte sur 200 m. Tourner à gauche jusqu'à la route du Ferréol, puis prendre à gauche sur 100 m. Monter à droite par le chemin de terre. Plus loin, emprunter le chemin de gauche qui descend avec une vue sur le hameau de Montagut.

4 Laisser le GR® 60 partir à droite, et prendre le chemin qui rejoint puis traverse le hameau de Montagut. Passer devant la croix et suivre le sentier aménagé jusqu'à la dernière maison du village. S'engager entre la ferme et les bâtiments agricoles. Prendre le chemin qui descend en forêt pour retrouver le hameau de Lescure. Emprunter aussitôt le chemin de droite jusqu'au pont de Cantarone ; le traverser et continuer jusqu'à Lausselincq.

5 À la croix, monter sur la droite jusqu'au réservoir. Prendre le chemin de terre qui coupe la D 56 et la rejoint un peu plus haut. À la croix, prendre à gauche le chemin qui monte à Nogardel (800 m).

De Nogardel à la croix de Bioulac — 12 km — 3h15

6 Traverser le hameau et, après la dernière maison, monter à droite vers le nord par le chemin qui va passer au-dessus de Saint-Pierre-de-Nogaret. Continuer le long de la crête [> limite de l'Aveyron et de la Lozère], selon une orientation nord-ouest sur 2 km. Passer à la croix de Daoudou.

GR de Pays + GR 6 GR 670
GR de Pays
GR 60
GR 670
GR 6
Hors GR
10
9
8
7
Croix de la Rode
Puech d'Alte-Teste
Cazalets
le Signal de Mailhe-Biau
la Rozière-Haute
Refuge des Rajas
Puech Méjio
la Prunette Rnes
Mailhe-Biau Buron
Cantecouyou
la Vayssette
les Calsiès
Etg de Bonneco
le Plo de Finet Rnes
Anc. Buron
les Carteyroux
Groupatache
Bois des-Cats
lou Galabert
la Coumbe
la Combe Haute
Devèzes des Cats
lou Galabert Anc. Buron
lou Carteyrou Anc. Buron
Puech des Agudes
Sce Captée
Plagnes
Truc del Biaou
la Combe Basse
lou Clapeyrets
les Cats
Peyre Rouge
les Vergnes
la Fage
Puech de Monnié
Puech de la Rode
Croix de Bioulac
la Cour
le Moulin du Pont Rnes
le Broulhet
Peyro Blanco
Bellefon
les Ginestes
Versailles
le Moulin de Marcillac Rnes
la Falgouse
Puech de las Baques
Montfalgoux
la Fraissinède
la Molière
Travers Nègre
Puech Pasture
Puech de Bessière
Bertuit
Bonance
lou Cayrol
Croix del Pal
la Devèze
l'Estrade
Trélans
le Moulin de Piquemole
la Fage Hte
Puech du Merle
lou Claus
la Barthe
Noubloux
le Moulin de Noubloux Rnes
la Gasse
Puy du Fau
Bois Mégier
0
1:50000
1 km
N
2021
Feuille 2538
© IGN 2001

7 Au lieu-dit La Barthe, prendre à droite un chemin descendant dans un bois, franchir le ruisseau de Caldeyrac et remonter à Trélans (987 m). Traverser le hameau, monter vers le nord par un chemin empierré. Longer à flanc de pente un vallon encaissé, puis franchir un affluent du Doulou et parvenir à un carrefour à la croix de Bioulac (1 150 m).

De la croix de Bioulac à la croix de la Rode 6 km 2 h

Hors GR® > pour Plagnes (1 220 m) 2,5 km 40 min

Descendre à droite par un chemin.

8 Prendre le chemin de gauche qui monte entre des clôtures de pacages. Longer la crête.

9 Le chemin quitte la crête et s'infléchit au nord-ouest. Passer au flanc ouest du signal de Mailhebiau [> point culminant de l'Aubrac : 1 469 m] et, toujours vers le nord-ouest, atteindre la croix de la Rode (1 377 m) 10.

> Jonction avec le GR® de Pays *Tour des Monts d'Aubrac*, venant de Bonnecombe. GR® 6 et GR® de Pays se confondent jusqu'à Saint-Chély-d'Aubrac.

La croix de la Rode
PHOTO R.P.

0
1:60000
1,2 km
(feuilles 1:50000 réduite)
Feuilles 2538
2539
© IGN 2001, 2007
2021
N
GR 60 + GRP
GR de Pays
Plo de Grail
GR 60
GR 670
GR 6
Hors GR
1
2
3
4
5
6
7
8
9
Bouos de la Gleize
Charablonque
Truc de la Rode
las Jusclades
Bouos de l'Adrech
Ginestoux
B. de la Ville
Riouloug
Truc de Rambals
Rambals
Peyre Molé
Pierrefiche
Puech de Bergougnoux
Commune
Bellet
les Salces
le Fromental
lou Puech
Mont. le Trébatut
Col du Trébatut
la Sagnette
Comp Longue
Puech Anis
les Devèzes
le Bruel
le Crespin
le Bergougnoux
D 56
Monteils
le Ségala
Pin-Mories
Monastier-Pin-Moriès
Roc de Magne
lou Bouos del Gal
lou Pasturas
Puech de Combret
B. de Combret
Combret
Roumardies
Busses
la Sale
Chambon
le Villaret
la Felgère
le Croizier
Puech Escudelou
Hermaux
lous Cabanios
la Fabriguette
Doulounel
las Castagnettes
le Rouvière
Puzenes
le Cheyroux
Beauregard Hte
la Violle-Basse
les Pierres Blanches
Puech de la Cabane
Champcros
Moulin de Barbassou
Chon de Busses
lou Serre
la Chamb
Montjézieu
Malbouzon
Marchevite
les Reynets
Reilles
St-Germain-du-Teil
Puech Oustas
Mascoussel
le Pouget
Auribat
Fagne Berge
de Cadenet
Moulin de Cadenet
Puech Debon
Pastural
Montagudet
la Faisse
Montagut
le Ferréol
le Brouillet
le Mirabal
la Blaquière
le Ségala
les Sallèles
le Viala
St-Pierre-de-Nogaret
Nogardel
les Calmettes
le Besset
Puech Pergoux
le Villaret
la Castagnède
le Pouget
Moulin del Pintre
lous Plos
la Forêt
Lescure
Lausselinco
Le Mas
Ginestière
Montferrand
le Rouquet
Plan d'Eau de Booz
Booz
A 75
Lot
la Mothe
Jamelle

Le sentier GR® 60
De La Mothe-de-Banassac au Plo de Grail

De la Mothe-de-Banassac à une intersection
300 m | 10 min

À La Mothe-de-Banassac >

1 Près du pont sur le Lot, longer la D 988 sur 250 m jusqu'à une intersection.

De l'intersection à Saint-Germain-du-Teil
6 km | 2 h 15

Hors GR® > pour les Sallèles 600 m | 10 min

Hors GR® > pour Pratnau 1,2 km | 20 min

Poursuivre tout droit (ouest) sur la route, puis la quitter à droite pour les Sallèles ou Pratnau.

2 Après le pont sous l'autoroute, monter un chemin à droite pour gagner une petite route. La suivre à gauche pour atteindre le Ségala.

3 À l'abri-bus, emprunter à droite la route montant jusqu'au réservoir pour atteindre un chemin. Au carrefour suivant, prendre à droite celui qui monte sur 200 m. Tourner à gauche jusqu'à la route de Montagut, l'emprunter à gauche sur 400 m. Monter à droite par le chemin de terre. Il rejoint la route de Montagut.

> Le GR® 6 part à gauche.

4 Poursuivre plein nord jusqu'à la croix de la Tieule. Continuer par la route pour arriver à Saint-Germain-du-Teil (760 m).

De Saint-Germain-du-Teil au Radal du Trébatut
5,5 km | 1 h 50

À Saint-Germain-du-Teil >

5 Quitter le village par la route de Combret, et, 200 m avant les dernières maisons, emprunter un chemin à droite pour arriver à Violle-Basse. S'engager dans un chemin entre deux vieux bâtiments, suivre la route sur 70 m puis, à gauche, le chemin encadré de champs et pâtures. Passer près d'une remise, la montée s'accentue. À Puzènes, passer le réservoir. Couper le chemin menant à droite au Cheyroux. Continuer tout droit.

6 500 m après, laisser la D 52 et se diriger vers l'est par un chemin entre bois et exploitations. Au col du Trébatut, suivre la D 56 sur 200 m vers le nord jusqu'au Radal du Trébatut (1 075 m).

Du Radal du Trébatut à la Croix du Loup
2 km | 45 min

Au Radal du Trébatut >

7 Prendre le chemin à droite au-dessus du restaurant et atteindre une intersection.

> Le GR® 670 *Chemin Urbain V* descend à droite vers Le Monastier.

À l'intersection, le GR® 60 monte plein nord vers le lieu-dit la Croix du Loup.

De la Croix du Loup au Plo de Grail
3 km | 1 h

8 Monter (nord-ouest) dans une zone reboisée jusqu'au Plo de Grail (1 375 m) 9.

> Jonction avec le GR® de Pays *Tour des Monts d'Aubrac.*

Infos pratiques

Les temps de marche

Les temps de marche indiqués dans les topo-guides des sentiers de Grande Randonnée® sont indicatifs. Ils correspondent à une marche effective d'un marcheur moyen. Attention ! Les pauses et les arrêts ne sont pas comptés.
Dans les régions de plaine ou peu vallonnées, le rythme de marche est calculé sur la base de 4 km/h. En montagne, celui-ci est calculé sur la base de 300 m de montée et 400 à 500 m de descente à l'heure. Chacun adaptera son rythme de marche selon sa forme physique, la météo, le poids du sac à dos, etc.

Assurances

Le randonneur parcourt l'itinéraire décrit, qui utilise le plus souvent des voies publiques, sous sa propre responsabilité. Il reste seul responsable, non seulement des accidents dont il pourrait être victime, mais aussi des dommages qu'il pourrait causer à autrui tels que feux de forêts, pollutions, dégradations, etc.
Certains itinéraires utilisent des voies privées : le passage n'a été autorisé par le propriétaire que pour la randonnée pédestre.
Le randonneur a intérêt à être bien assuré. La Fédération et ses associations délivrent une licence ou un *RandoPass®* incluant une assurance adaptée.

Modifications d'itinéraires

Depuis l'édition de ce topo-guide, les itinéraires décrits ont peut-être subi des modifications rendues nécessaires par l'exploitation agricole ou forestière, le remembrement, les travaux routiers, etc. Il faut alors suivre le nouvel itinéraire balisé.
Ces modifications, quand elles ont une certaine importance, sont disponibles, sur demande, au Centre d'information de la Fédération française de la randonnée pédestre (voir « Adresses utiles ») ou sur le site internet : boutique.ffrandonnee.fr, rubrique Topoguides ; sélectionner le topo-guide, puis l'onglet « Mise à jour ».
Les renseignements fournis dans ce topo-guide, exacts au moment de l'édition de l'ouvrage, ainsi que les balisages n'ont qu'une valeur indicative et n'engagent en aucune manière la responsabilité de la Fédération française de la randonnée pédestre. Ils n'ont pour objet que de permettre au randonneur de trouver plus aisément son chemin et de suggérer un itinéraire intéressant.
C'est au randonneur d'apprécier si ses capacités physiques et les conditions du moment (intempéries, état du sol…) lui permettent d'entreprendre la randonnée, et de prendre les précautions correspondant aux circonstances.

L'Aubrac, terre de lumières
photo Q.B./FFRando 12

Pour mieux connaître la région

CONNAISSANCE GÉOGRAPHIQUE, TOURISTIQUE ET HISTORIQUE DE LA RÉGION

- Christian Allain, *L'Aubrac par monts et par burons*, éd. Nouvelles Presses Du Languedoc.
- Michel Bras, *Laguiole-Aubrac - France*, éd. du Rouergue.
- Daniel Crozes, *L'Aubrac, la belle aux yeux noirs*, éd. du Rouergue.
- Daniel Crozes, *Le Laguiole ; Éloge du couteau*, éd. du Rouergue.
- Daniel Crozes, *Le Laguiole, une lame de légende*, éd. du Rouergue.
- Daniel Crozes, *Dans les burons de l'Aubrac*, éd. du Rouergue.
- Daniel Crozes, *Le Laguiole, une lame de légende*, éd. du Rouergue.
- P. Dhainaut et B. Julien, *Chemins d'Aubrac*, éd. du Rouergue.
- Colette Gouvion, Renaud Dengreville, *Une France sauvage, l'Aubrac*, éd. du Rouergue.
- Noël Graveline, *L'Aubrac*, éd. Debaisieux.
- Christian Lemasson, *Histoire du couteau de Laguiole*, éd. Montmarie.
- Francis Nouyrigat, *Fleurs d'Aubrac*, éd. du Rouergue.
- Jean Rodier, *En remontant les ruisseaux ; sur l'Aubrac et la Margeride*, éd. Escampette.
- Catherine Samson, *L'Aubrac ; la race d'un pays de résistants* (préface d'A. Valadier), éd. Toute Latitude.

GUIDES DE RANDONNÉE

- *L'Aveyron à pied*, réf. D012, éd. FFRandonnée.
- *Sentier de Saint Jacques de Compostelle* (GR® 65), réf. 651, éd. FFRandonnée.
- *Tour du Larzac Templier Hospitalier* (GR® 71C et D), réf. 710, éd. FFRandonnée.
- *Le Chemin de Saint-Guilhem-le-Désert*, réf. 4834, éd. FFRandonnée.
- *Des Monts du Cantal à la Vallée du Lot* (GR® 465), réf. 465, éd. FFRandonnée.
- *Le Grand Tour des Monts et Lacs du Lévézou* (GR® de Pays), réf. 1201, éd. FFRandonnée.
- *Le chemin Urbain V* (GR® 670), réf. 670, éd. FFRandonnée.

HÉBERGEMENT

- *Gîtes d'étapes et refuges*, A. et S. Mouraret, mise à jour permanente sur Internet : www.gites-refuges.com

Pour connaître la liste des autres topo-guides de la Fédération française de la randonnée pédestre, consulter le catalogue sur le site Internet de la Fédération : www.ffrandonnee.fr

CARTES DE LA RÉGION

- **CARTES IGN AU 1 : 100 000 :** N° 155
- **CARTES MICHELIN AU 1 : 150 000 :** N° 330 et 338

Partez bien équipé avec
RandoPass
La Haute Traversée de Belledonne
Le sentier des bergers
TopoGuides
Grande Randonnée
La presqu'île de
et la vallée de l'
Promenade & Randonnée
SUN CRÈME
RandoPass
N° adhérent :
Date d'expiration :
VOS AVANTAGES
✓ Assurance et assistance
✓ Informations exclusives
✓ Bons plans et réductions
✓ boussole
✓ Topo guide
✓ lunette de soleil
✓ crème solaire
✓ couteau suisse
✓ Gourde
✓ saucisson
✓ barres énergétiques
✓ Chaussures de ra
✓ Sac à dos
✓ Bâtons
✓ Veste
✓ RandoPass
28€
Valable un an (date à date), souscrire sur
www.MonGR.fr
FFRandonnée
www.ffrandonnee.fr

Réalisation

✓ Le sentier « Tour des Monts d'Aubrac » fut mis au point en 1979 par l'Association pour le Développement Économique et Culturel de l'Aubrac (ADECA) dans le cadre du programme « Par monts et merveilles ». La recherche du tracé fut faite par les stagiaires-accompagnateurs du Ventouzet, à Aumont-Aubrac.

✓ Les renseignements pour la mise à jour de cette édition ont été fournis par :

- En Aveyron : les équipes de la Commission Sentiers et Itinéraires du Comité départemental de la randonnée pédestre de l'Aveyron qui ont participé à la création de l'itinéraire et au balisage. Le descriptif a été réalisé par Mme Marcelle Maurel et Lionel Vidal en lien avec l'office de tourisme Aubrac-Laguiole pour les hébergements.

- En Lozère : Aline Osty, baliseuse du Comité départemental de la randonnée pédestre de Lozère.

- Dans le Cantal : l'équipe du Comité départemental de la randonnée pédestre du Cantal.

Et par l'association ADECA.

✓ Les textes thématiques ont été rédigés par Lionel Vidal, Marie-Philippe de Beauregard, le Comité départemental de la randonnée pédestre de Lozère. Le texte Découvrir l'Aubrac est de Marie-Philippe de Beauregard.

✓ Les photographies sont de : Lionel Vidal (L.V./FFRando12), Quentin Belmondo (Q.B./FFRando12), Régine Pechberty (R.P.), Pierre Wildemann (P.W.), Marie-Philippe de Beauregard (M.-P. de B.), coopérative Jeune Montagne / Pierre Soissons (CJM/P.S.), Association pour le développement économique et culturel de l'Aubrac (ADECA), Didier Babin (D.B.), Marinette Hugon (M.H./FFRando48), Aline Osty (A.O.), Christian Mathieu (C.M.), UPRA Aubrac, J. Tomaselli / Tourisme Aveyron (J.T./ADT12), Muriel Hennessy / Tourisme Aveyron (M.H./ADT12).

✓ Les dessins sont de Pascal Robin (P.R.) et Jérôme Bazin (J.B.).

✓ Responsable de la production éditoriale : Isabelle Lethiec. Développement et suivi des collectivités territoriales : Patrice Souc, Sabine Guisguillert. Secrétariat d'édition : Marie Fourmaux, Séverine Chessebœuf, Émilie Guillier. Cartographie, SIG et couverture : Olivier Cariot, Frédéric Luc, Jérôme Pointeau. Mise en page et suivi de fabrication : Jérôme Bazin, Auriane Dupont. Lecture et corrections : Éric Chesney, Pierre-Louis Durand, Philippe Lambert, Christine Pousse, Michèle Rumeau. Création maquette et design couverture : MediaSarbacane.

LA FFRandonnée AUJOURD'HUI

La Fédération française de la randonnée pédestre, c'est près de 242 500 adhérents, 3 500 associations affiliées, 206 000 km de sentiers balisés GR® et PR, 110 comités régionaux et départementaux, 20 000 bénévoles animateurs et baliseurs, 230 topo-guides, un magazine de randonnée *Passion Rando*, un site Internet institutionnel : www.ffrandonnee.fr, et un site Internet dédié à la Grande Randonnée® : www.monGR.fr

INDEX

GÉOGRAPHIQUE

THÉMATIQUE

7e édition : avril 2021
ISBN : 978-2-7514-1128-1 © IGN 2021
© Fédération française de la randonnée pédestre 2021
Dépôt légal : avril 2021
Achevé d'imprimer en France sur les presses de Chirat (Saint-Just-la-Pendue)
selon les normes de la certification PEFC®.
PEFC 10-31-1895